Edition Paashaas Verlag

EPV

Die im Buch veröffentlichten Ratschläge wurden von der Verfasserin sorgfältig erarbeitet und geprüft. Eine Garantie kann dennoch nicht übernommen werden; ebenso ist eine Haftung der Verfasserin bzw. des Verlages und seiner Beauftragten für Personen-, Sach- und Vermögensschäden ausgeschlossen.

Namen und Begebenheiten in den Geschichten sind frei erfunden. Ähnlichkeiten mit lebenden Personen und tatsächlichen Begebenheiten sind nicht beabsichtigt, sondern rein zufällig.

Krimiparty
Sonderausgabe 16

Das Klassentreffen

Autor: Cornelia H.-Müller
Cover-Motive: Pixabay
Cover designed by Michael Frädrich

ISBN: 978-3-96174-128-1
August 2023

Die Deutsche Nationalbibliothek verzeichnet diese Publikation in der Deutschen Nationalbibliografie; detaillierte bibliografische Daten sind im Internet über http://dnb.d-nb.de abrufbar.

Inhaltsverzeichnis

Einleitung

Mithilfe dieses Buches können Sie zu Hause gemeinsam mit Ihren Familienmitgliedern und Gästen auf Tätersuche gehen. Sie tauchen ein in einen spannenden Mordfall, ermitteln, befragen und bewerten Tatsachen und Aussagen.

Dabei werden von niemandem schauspielerische Fähigkeiten verlangt. Sie sitzen mit Ihren Mitspielern in gemütlicher Runde beisammen und versuchen gemeinsam, dem Täter auf die Spur zu kommen!

Zu jedem Krimi gibt es eine Geschichte des Verbrechens, die in der Runde vorgelesen wird und darüber informiert, was passiert ist, sowie Rollenbeschreibungen für alle Mitspieler und eine schlüssige Auflösung.

Die Krimis sind so angelegt, dass in einem Raum ermittelt wird. Ob Sie also im Wohnzimmer oder im Freien während eines Grillfestes versuchen, mit Ihren Gästen den Fall zu lösen, spielt keine Rolle.

Das Buch ist mit dem Internet gekoppelt.
Das benötigte Zubehör können Sie ganz einfach herunterladen und ausdrucken. Einladungen, Namensschilder, Kurztexte und Rollentexte finden Sie auf:

http://www.verlag-epv.de im Bereich Downloads unter Krimiparty.

Ihre Zugangsdaten lauten:
Email: krimipartysb16@verlag-epv.de
Passwort: hmueller23

So funktioniert ein Mitspielkrimi!

Erklärungen zur Durchführung

Lesen Sie die Grundgeschichte und die dazu gehörenden Rollen bitte gründlich durch. Überlegen Sie, welcher Mitspieler welche Rolle übernehmen soll. Es ist kein Problem, wenn einmal eine Dame eine Herrenrolle übernimmt oder umgekehrt. Wenn Sie allerdings auch mit ermitteln wollen, ohne zu wissen, wer der Täter ist, vergeben Sie die Rollen blind und lesen Sie keinesfalls die Auflösung durch. Auf diese Weise werden auch Sie als Gastgeber zum "echten" Ermittler.

Haben Sie einen Internet-Anschluss? Dann können Sie unter www.verlag-epv.de die einzelnen Rollen für Ihre Gäste herunterladen und ausdrucken. Sollten Sie diese Möglichkeit nicht haben, kopieren Sie sie aus dem Buch.

Die Rollentexte werden erst am Abend selbst an die Mitspieler vergeben. Versenden Sie sie bitte nicht mit der Einladung.

Bereiten Sie Namensschilder mit den Rollennamen für Ihre Gäste vor, diese werden am Spielabend mit einem Klebestreifen oder Klämmerchen für alle sichtbar angeheftet. Auch diese sind im Internet zum Download hinterlegt.

Drucken Sie die Kurzbeschreibung für Ihre Gäste aus; sie erleichtert den Einstieg und hilft, sich die neuen Spiel-Namen zu merken. Wenn möglich, drucken oder fotokopieren Sie für jeden Gast eine Kurzbeschreibung.

Der Spielablauf

Ihre Gäste werden sicher schon sehr gespannt sein, was sie erwartet. Damit Ihr Krimiabend zum Erfolg wird, noch folgende Tipps:

Schaffen Sie eine gemütliche Atmosphäre und vermeiden Sie zu helles Licht. Stellen Sie Kerzen oder kleine Lichter auf; dies schafft den richtigen Rahmen. Legen Sie bitte für jeden Gast Papier und Stift bereit. Notizen zur Geschichte und zu den einzelnen Aussagen der Mitspieler sind wichtige Stützen bei der Ermittlungsarbeit. Halten Sie bitte auch für jeden Gast die ausgedruckte Kurzbeschreibung des Falles bereit.

Haben Sie ein Abendessen für Ihre Gäste vorgesehen?

Dann dekorieren Sie die Kurzbeschreibungen mit auf der Tafel. Sie werden feststellen, dass es bereits beim Lesen dieser Information rege Gespräche und Verdächtigungen gibt. Wenn sich die Gäste untereinander noch nicht kennen, dient die Kurzbeschreibung ganz wunderbar als Eisbrecher.

Wenn Sie ein Menü mit mehreren Gängen servieren, gehen Sie wie folgt vor:

Verteilen Sie vor der Vorspeise die Namensschilder. Jeder Gast weiß nun, wen er heute Abend charakterlich vertritt.

Lesen Sie nach der Vorspeise den ersten Teil der Geschichte vor. Es ist in der Geschichte vermerkt, an welcher Stelle die Lesung unterbrochen werden kann, um den Hauptgang zu genießen.

Auf diese Weise wird Ihr Abend zu einem richtigen Krimidinner.

Nach dem Hauptgang lesen Sie den Rest der Geschichte vor.

Erst danach erhält jeder Gast seine persönliche Rolle, die aus

Vorstellungstext und Geheimtext besteht. Diese Texte werden nun von den Mitspielern gründlich und vor allem diskret studiert. Wenn alle Gäste soweit sind und ihre Rolle gelesen haben, beginnt die Vorstellungsrunde. Alle Mitspieler lesen reihum ihren Vorstellungstext vor.

Der geheime Text enthält weitere Informationen und ergänzt die Geschichte; er wird nicht vorgelesen, sondern bietet Hintergrundinformationen, die jede einzelne Person zum Ermitteln benötigt und dann nach eigenem Geschick in die Ermittlungen einbringen kann. Der Mörder erfährt in seinem Geheimtext auch, dass er der Täter ist.

Nach der Vorstellungsrunde beginnen die Ermittlungen; durch Vorstellungs- und Geheimtext ergeben sich viele Fragen, die nun gestellt und beantwortet werden.

Lügen, darauf sollten Sie Ihre Gäste noch einmal hinweisen, darf wirklich nur der Täter. Alle anderen müssen sich nahe an der Wahrheit orientieren.

Wenn die Ermittlungen abgeschlossen sind, verteilen Sie Zettel, wo jeder seinen Namen und seinen Täterverdacht aufschreiben kann.
Sammeln Sie die Zettel ein. Danach servieren Sie, wenn es vorgesehen ist, das Dessert.

Zum Abschluss lesen Sie als Gastgeber die Auflösung des Falles vor. Erst jetzt darf sich der Täter zu erkennen geben!

Geben Sie bekannt, wie viele anhand der eingesammelten Zettel den richtigen Täter ermittelt haben – eventuell machen Sie daraus sogar ein kleines Gewinnspiel, indem Sie etwas verlosen.
Beenden Sie den Abend mit der Verlesung des Schlusswortes; dieses sorgt sicher noch einmal für viel Spaß.

Wenn Sie kein Abendessen, sondern nur einen kleinen Snack planen, gehen Sie wie folgt vor:

- Begrüßung der Gäste und Verteilung der Namensschilder und der Kurzbeschreibung
- Verteilung von Papier und Bleistift für Notizen
- Vorlesen der Grundgeschichte
- Verteilen der Rollentexte
- diskretes Studieren der Rollentexte
- Vorstellungsrunde
- Ermittlungen
- Täterverdacht aufschreiben lassen
- Verlesen der Auflösung
- Bekanntgabe, wer richtig ermittelt hat
- und wenn es vorgesehen ist, Ziehung des Gewinners
- Verlesen des Schlusswortes

Häufig gestellten Fragen zur Durchführung:

Frage: Weiß der Mörder, dass er der Täter ist?
Antwort: Ja, dies steht ausdrücklich im Geheimtext seiner Rolle.

Frage: Dürfen die Gäste schummeln und flunkern?
Antwort: Nur der Mörder darf dies tun. Die anderen sollten sich nahe an der Wahrheit orientieren.

Frage: Ich habe mehr Gäste als Rollen. Was nun?
Antwort: Wir haben in der Geschichte sogenannte Gastrollen vorgesehen. Wenn es heißt: 7-10 Mitspieler, gibt es 7 größere Rollen und 3 kleinere Gastrollen. Die größeren Rollen müssen, die Gastrollen können besetzt werden.

Sollten Sie die doppelte Anzahl Gäste haben, können Sie an 2 Tischen gleichzeitig spielen. Bereiten Sie Rollen und Zubehör zweimal vor, lesen Sie die Geschichte zentral vor und ermitteln Sie danach an 2 Tischen. Sie werden sehen, dass auch dies reibungslos funktioniert. Vermutlich werden die Tische zu ganz unterschiedlichen Ergebnissen kommen; es kommt immer ganz darauf an, wie sich die einzelnen Mitspieler verhalten.

Frage: Müssen alle Gäste ungefähr gleich alt sein?
Antwort: Nein. Wir haben in unseren Testrunden mit Personen jeden Alters in gemischten Gruppen gespielt. Unsere Mitspieler waren von 16 bis 80 Jahre alt, und allen hat es großen Spaß bereitet!

Frage: Muss alles aus dem Vorstellungstext auch vorgetragen werden?
Antwort: Ja, der Text der Vorstellungsrunde ist so angelegt, dass er wichtige Informationen gibt, ohne die die Ermittlungen rasch langweilig werden.

Frage: Meine Frage war hier nicht aufgeführt; ich benötige Hilfe.

Antwort: Wenden Sie sich bitte an
glashauskrimi@glashauskrimi.de
und schreiben Sie der Autorin eine Mail. Sie wird Ihnen alle anstehenden Fragen zum Gelingen Ihrer privaten Krimiparty gerne beantworten.

Die Einladung

Wenn Sie Ihre Gäste schriftlich einladen wollen, können Sie z. B. diesen Text als Vorlage nutzen. Im Internet finden Sie eine vorbereitete Einladung, die Sie ausdrucken können.

Einladung zur Krimiparty
Tatort: _ Die Ermittlungen beginnen

am:

um: Uhr.

Für das leibliche Wohl ist ebenso gesorgt, wie für spannende Unterhaltung, denn es gibt tatsächlich einen Mord aufzuklären. Klar, dass wir dabei deine/eure Unterstützung benötigen.

Falls ihr eine Lesebrille tragt, vergesst sie bitte nicht, denn ihr erhaltet selbstverständlich Akteneinsicht.

Ich würde mich sehr freuen, wenn du/ ihr komm(s)t.

Herzliche Grüße

Antwort bitte per Tel.

Rollenverteilung, Hinweise zur Durchführung:

Sie finden in diesem Buch:

- Die Grundgeschichte zum Vorlesen
- inkl. Auflösung und ein humoriges Nachwort
- Rollentexte für 11 Personen
- Tischflyer für jeden Gast zum Ausdrucken

Dieser Krimi ist spielbar mit 7 bis 11 Personen.
Die Vorstellungstexte sollen in folgender Reihenfolge vorgelesen werden:

1. Klaus (auch, wenn er nicht mitspielt, muss sein Text als erstes vorgelesen werden. Dies kann der Gastgeber übernehmen.
2. Monika
3. Peter
4. Simone
5. Chrissy
6. MariLu
7. Beate
8. Harald
9. Krischan
10. Achtung; Stefan hat keinen Vorstellungstext. Bitten Sie ihn, wenn er mitspielt, um etwas Geduld.
11. Beobachter

Bei **7 Mitspielern** werden Klaus Buntschuh, Simone Quast und Stefan Dierhardt ausgelassen.

Bei **8 Mitspielern** werden Klaus Buntschuh und Stefan Dierhardt ausgelassen
In diesem Fall kann Simone die Rolle von Klaus mit übernehmen.

Wenn Sie ohne Stefan spielen:
Sein Wissen wird von Monika vermittelt; sie benötigt dazu keine weiteren Unterlagen.

Tischflyer Das Klassentreffen
Ein spannender Fall von Cornelia H.-Müller

Tagesspiegel

Lehrer von Gutenberg-Gymnasium weiterhin spurlos verschwunden.

Immer noch vermisst wird der Gymnasiallehrer Dr. Gerd Stutenkötter. Wie bereits berichtet hat Dr. Stutenkötter am Freitagabend an der Abiturfeier einer Abschlussklasse teilgenommen.

Nach Zeugenaussagen verließ er das Restaurant gegen Mitternacht mit bisher unbekanntem Ziel.

Dr. Stutenkötter ist 57 Jahre alt, 1,85 cm groß und wiegt ca. 90 kg. Er war mit einem dunkelblauen Anzug bekleidet.

Wer Angaben zum Verschwinden oder jetzigen Aufenthaltsortes des Lehrers machen kann, wird gebeten, sich mit der nächsten Polizeidienststelle in Verbindung zu setzen.

25 Jahre später treffen sich die ehemaligen Abiturienten zu einem Klassentreffen.

Es spielen mit:

Bei 7 Personen

Dr. Peter Büngler

Beate Schwaderlapp
Chrissy Neumann
Monika Weller
Harald Bülow
MariLu Bergener
Krischan Müller

Bei 8 Personen
mit Simone Quast

Bei 9 Personen
mit Klaus Buntschuh

Bei 10 Personen
Mit Stefan Dierhardt

Bei 11 Personen
Mit Beobachter

Hier noch ein Wort zu den Spielregeln:
Alle Mitspieler sollten sich nahe an der Wahrheit orientieren; schwindeln darf nur der Mörder!

Viel Vergnügen und einen Mordsspaß wünscht Ihnen
Cornelia Herbertz-Müller

Die Grundgeschichte zum Vortragen

Das ist passiert:
Wenn man 25 Jahre nach dem Abitur eine Einladung zu einem ersten Klassentreffen bekommt, gehen einem viele Dinge durch den Kopf.

- Soll ich nach so vielen Jahren überhaupt hinfahren?
- Was ist aus den alten Kumpels geworden?
- Schnell noch mal ein paar Kilo abnehmen oder vielleicht eine neue Frisur?
- Eventuell alte Fotos heraussuchen und mitnehmen?

Mit diesen oder ähnlichen Fragen, beschäftigten sich auch die ehemaligen Schüler des Gutenberg-Gymnasiums, als sie eines Tages eine entsprechende Einladung in den Briefkästen vorfanden.

Der Absender war anonym geblieben, allerdings wunderte sich niemand darüber. Man fand es allgemein eher amüsant und war gespannt, wer der geheimnisvolle Organisator war und was er oder sie sich noch so für dieses Wiedersehen, ein Vierteljahrhundert nach dem Abitur, ausgedacht hatte.

Der Internist Dr. Peter Büngler war bereits am Vormittag angereist, hatte das für ihn reservierte Zimmer bezogen und saß gerade an der gemütlichen Bar des Hotels, als hinter ihm eine tatsächlich noch immer recht vertraute Stimme erklang:
„Na, wenn das mal nicht Peter aus der 13 B ist!"
Peter drehte sich um und erkannte auf Anhieb seine frühere Klassenkameradin Christiane Neumann, die nun mit einem breiten Lachen auf ihn zukam, ihre Reisetasche fallen ließ und die Arme ausbreitete.
„Mensch, die Chrissy, das gibt's ja nicht! Du hast dich ja kaum verändert all die Jahre", stellte Peter mit Bewunderung in der Stimme fest und drückte seine Ex-Mitschülerin feste an sich.
Diese löste sich aus der Umarmung und lächelte schief.
„Ach je, Peter. Es gibt drei Phasen im Leben einer Frau. Jung, nicht mehr ganz so jung und "Du hast dich überhaupt nicht verändert"!

Aber ich nehme es mal als Kompliment!"
Ihr Gegenüber nickte heftig.
„Das war ein Kompliment. Es ist kaum zu glauben, wie toll du aussiehst. Und dass wir uns 25 Jahre nicht gesehen haben, ist eine Schande. Das Letzte, was ich von dir weiß ist, dass du Jura studiert hast."
„Stimmt! Ich habe inzwischen in Heidelberg eine eigene Kanzlei, spezialisiert auf Familienrecht! Und du?"
Peter lächelte ebenso stolz wie zufrieden.
„Ich bin, trotz der vier in Latein, tatsächlich Internist geworden. Meine Praxis läuft, ich bin zufrieden! Aber sag mal, steckst du hinter der Einladung hier? Du warst doch früher immer schon die, die alles organisiert hat. Erinnerst du dich noch an unseren Abiball?"
„Natürlich erinnere ich mich." Chrissys Stimme klang leicht bekümmert, als sie fortfuhr: „Wer würde diesen Abend schon vergessen, nach dem, was damals alles passiert ist. Aber um deine Frage zu beantworten: Nein, ich habe nichts mit der Einladung zu tun und tippe meinerseits auf Beate."
„Beate? Das glaube ich nicht. Sie lebt doch noch immer in den Staaten, oder?"
„Ich habe keine Ahnung und sie komplett aus den Augen verloren; warten wir es ab! Jetzt check ich aber erstmal ein. Sehen wir uns gleich auf einen Drink?"
Peter nahm sein Bier, welches der Barkeeper inzwischen serviert hatte, und prostete ihr zu.
„Ich hab schon Vorsprung. Wenn du aufholen willst, musst du dich beeilen."

***

Das Treffen der ehemaligen Schüler war laut Einladung für 19:00 Uhr in einem der Veranstaltungszimmer des Hotels angekündigt.
Chrissy und Peter waren pünktlich und betraten gemeinsam und munter plaudernd den großen Raum.
Was sie dort allerdings erblickten, verschlug ihnen zunächst die Sprache.

In der Mitte des Raumes stand ein einziger festlich eingedeckter Tisch, hergerichtet für gerade einmal 8 - 10 Personen.
Chrissy ging voran und betrachtete interessiert die Namensschildchen, die neben kunstvoll gefalteten Stoffservietten aufgestellt waren.
Peter folgte ihr deutlich enttäuscht.
„Wir waren doch damals über 30 Leute auf dem Abiball. Und jetzt kommen nur so wenige? Die können doch nicht alle schon pflegebedürftig, reiseunfähig oder tot sein. Ich meine, es ist erst das 25. Jubiläum und nicht das fünfzigste. Was steht denn auf den Schildchen? Ich sehe ohne Brille so gut wie nichts und meine Lesebrille liegt zu Hause."
„Christiane Neumann und Dr. Peter Büngler", murmelte Chrissy und sah kurz auf. „Wir beide sitzen also hier am Kopf gleich nebeneinander. Dann kommt ... Simone Quast?"
Ihre Stimme klang verwundert, als sie fortfuhr: „Simone? Die war doch gar nicht in unserer Klasse, sondern in der 13A. Was soll die denn hier?"
Sie wartete Peters Antwort nicht ab und fuhr ungebremst fort: „Kannst du dich noch an Simone erinnern? Sie war so eine furchtbar dünne Person. Wir nannten sie alle Twiggy, nach diesem weltberühmten Model aus den Sechzigern."
Peter indes sagte kein Wort und starrte, so als habe es ihm die Sprache verschlagen, einfach nur auf Simones Namensschild.
„Huhu, bist du noch anwesend? Weißt du, von wem ich spreche?" Chrissy hielt ihm Simones Namensschild dicht vor die Nase.
„Natürlich weiß ich, wen du meinst. Aber was will Simone denn hier? Komisch, dass ich nichts davon weiß!"
Chrissy legte irritiert den Kopf schief: „Warum solltest du denn davon wissen? Hast du Kontakt zu ihr?"
„Ja, das kann man so sagen. Ich bin seit über 20 Jahren mit ihr verheiratet!"
„Du hast Twiggy geheiratet?", entfuhr es Chrissy ungewollt heftig, und ihr Ton verriet höchste Verwunderung.
Peter reagierte ungehalten.
„Ja. Warum denn auch nicht?", pampte er. „Wir sind verheiratet

und haben eine Tochter. Simone hat mir nichts davon erzählt, dass sie auch hier sein würde. Das verstehe ich wirklich nicht!"
„Aber sonst ist alles in Ordnung bei euch, ja?"
„Natürlich ist alles in Ordnung. Ich bin nur verwirrt. Wer steht denn auf dem nächsten Schild?"

Chrissy nahm das Schild und zog irritiert eine Augenbraue in die Höhe. „Monika Weller! Sagt dir der Name was?"
„Nein. Eine Monika war gar nicht in unserer Stufe, das wüsste ich! Ich glaube langsam, dass wir auf der falschen Veranstaltung sind. Kann das sein?"

Chrissy schüttelte den Kopf und deutete auf das nächste Namensschild. „Nein, wir sind schon richtig. Die Sache mit Twiggy musst du mir gleich aber mal ausführlich erzählen. Hier jedenfalls wird unser Professor sitzen! Du erinnerst dich sicher; er hat damals in Latein, Englisch und Französisch eine Bestnote nach der anderen abgeliefert. Und in Mathe und Physik war er ebenfalls ein Crack und geradezu unerträglich begnadet."
Peter grinste bestätigend. „Harald Bülow, hochbegabt, aber in den alltäglichen Dingen des Lebens total verpeilt. Es kam nicht selten vor, dass er mit zwei verschiedenen Schuhen zur Schule kam oder aus Versehen in den falschen Bus stieg und durch die halbe Stadt kurvte, bis er es bemerkte. Er hatte die Nase ja ständig in irgendeinem Buch. Trotzdem war er extrem beliebt und hat jeden abschreiben lassen, der neben ihm saß. Als ich im LK Mathe neben ihm saß, hatte ich jedenfalls die besten Noten meiner Schullaufbahn und würde sogar so weit gehen, zu behaupten, dass ich ihm die Versetzung in die 13. Klasse zu verdanken hatte. Bin gespannt, was aus ihm geworden ist. Ich würde sagen, von Professor an einer Hochschule bis komplett gescheitert, weil er fürs praktische Leben nicht gemacht ist, ist tatsächlich alles möglich. Wer sitzt daneben?"

Chrissy schmunzelte und wedelte das Namensschild vor Peters Nase hin und her. „Unsere Schönheitskönigin, MariLu Bergner. Der Direktor sagte damals in seiner Abi-Rede über sie, Zitat: MariLu

Bergner saß nicht gerne und still und dem Lernen entlief sie oft. Zitat Ende. Sie hat wirklich auf wundersame Weise und mit viel Wohlwollen von Dr. Stutenkötter das Abi geschafft."

Peter reagierte nachdenklich.
„Der Stutenkötter, stimmt. Bei MariLu war er geschmeidig. Es ist, soweit ich weiß, immer noch nicht geklärt, was ihm in der Nacht unserer Abifete passiert ist. Es gab all die Jahre nichts Neues – oder hast du mal was gehört?"
„Nein. Ich bin dann ja auch zum Studium nach Tübingen. Jahre später habe ich den Fall noch einmal bei XY ungelöst gesehen. Aber soweit ich weiß, ist sein Verschwinden bis heute ungeklärt."
„Es kann einen kirre machen, wenn man nicht weiß, wo ein Mensch abgeblieben ist. Ich glaube, das ist so ziemlich das Schlimmste!", stellte Peter betroffen fest. „Wen haben wir denn noch am Tisch?"

Chrissy ging erneut ein Stück weiter, nahm das nächste Namensschild und stieß einen Laut der Begeisterung aus.
„Krischan Müller, das ist ja grandios. Die Mädels waren alle total verrückt nach ihm. Er war so ein hübscher und obendrein auch noch ein feiner Kerl. Oh, ich freue mich so, dass er kommt. Ich bin wirklich gespannt, ob ihn sein famoses Aussehen zu Reichtum und Ansehen katapultiert hat."
„Das kann man so sagen. Unserem Krischan geht's so richtig gut. Man könnte auch sagen: Tiefer kann man gar nicht im Honigtopf sitzen. Er hat eine wunderschöne Adelige aus Großbritannien mit noch dazu viel Geld und Ländereien geheiratet. Mittlerweile haben die Lady und er 4 gut geratene Kinder. Liest du denn keine GALA? Bei mir liegt die immer im Wartezimmer!"
„Echt jetzt? Das ist ja völlig an mir vorbei gegangen. Aber ob das wirklich so beneidenswert ist? Normalerweise gibt es für einen Mann keinen schwereren Job, als reich zu heiraten."
Peter lachte kurz auf.
„Da kann ich mir aber wirklich Schlimmeres vorstellen. Er lebt auf einem riesigen Landgut in Cornwall und züchtet, wie König Charles übrigens – die Lady und er sollen Verwandt sein –, seltene Pflanzen.

Hast du da echt noch nie was von gehört?“
„Nein, absolut nicht! Hoffentlich bringt er seine Frau mit. Ich habe noch nie eine echte englische Lady kennengelernt. Das wäre doch mal was anderes, und wir könnten sie nach all den Affären und Skandalen im Königshaus ausfragen. Wobei wir mit Krischan ja auch schon wieder bei Stutenkötter sind. Er hat Krischan damals das Abi versaut, du erinnerst dich sicher?“

Peter nickte nachdenklich.
„Stimmt. Krischan hat damals mitgefeiert, obwohl er durch die Prüfung gesaust ist – und das ging eindeutig auf Stutenkötters Konto. Ich hab keine Ahnung, ob er das Abi jemals nachgeholt hat.“
„Ihm war das Abi gar nicht so wichtig, aber für seine Eltern war es ein großes Drama“, warf Chrissy ein und verdrehte die Augen. „Beide sind hochgebildete Akademiker. Sie hatten extreme Erwartungen an den einzigen Sohn und waren bitter enttäuscht.

Chrissy griff nach dem nächsten Namensschild und zog die Stirn kraus. „Erneut ein Rätsel oder kennst du einen Klaus Buntschuh?“
„Buntschuh? Nie gehört“, verneinte Peter und zuckte mit den Schultern. „Wir haben bisher also zwei komplett Unbekannte und Simone, die gar nicht im Jahrgang war. Steht wenigstens auf dem letzten Schild eine oder einer von uns oder warum grinst du so selig??“

Chrissy strahlte. „Und ob. Der Abend wird garantiert aufregend und zwar insbesondere für dich, mein Lieber. Hier steht es schwarz auf weiß. Deine damalige, große Liebe ist angekündigt: BEATE SCHWADERLAPP.“
„Ach, echt jetzt?“
Scheinbar unberührt trat Peter neben Chrissy und nahm ihr das Namensschild aus der Hand. Er starrte er einen Moment darauf und räusperte sich, bevor er mit leiser Stimme fortfuhr:
„Das nenne ich wirklich eine Überraschung.“

***

Gegen 19:15 Uhr trafen Harald Bülow, MariLu Bergner, Krischan Müller und Beate Schwaderlapp mit leichter Verspätung ein und wurden mit großem Hallo empfangen.
Bereits nach wenigen Momenten des Zusammenkommens plauderten die Ex-Schülerinnen und Schüler so vertraut miteinander, als sei der Abiball gerade gestern gewesen.
Harald inspizierte mit MariLu ebenfalls die Tischkärtchen.
„Ich bin ja schon etwas länger jung und manchmal auch etwas verpeilt. Allerdings dachte ich nicht, dass es schon soweit mit mir ist. Kann mir bitte mal jemand sagen, wer Monika Weller ist? Ich kann mich überhaupt nicht erinnern."
„Tja, mein Junge, diese Frage haben Chrissy und ich uns auch schon gestellt! Mach dir also keine Sorgen, du demenzt noch nicht!", erklärte Peter und klopfte Harald kameradschaftlich auf die Schulter.
„Und Simone Quast?"
MariLu hielt Simones Namensschild in die Höhe und lächelte schief.
„Unsere Twiggy hatte doch überhaupt nichts mit uns zu tun. Ich erinnere mich noch genau an sie, sie ..."
Bevor MariLu ihre Erinnerung über Simone herausposaunen konnte, fiel Chrissy ihr rasch ins Wort: „Ja, großartig, das sie auch kommt, nicht wahr? Simone ist mit Peter verheiratet und gehört daher quasi irgendwie dazu. Wo sie wohl bleibt?"

Simone Quast und Monika Weller stießen kurz darauf gemeinsam zu der kleinen Versammlung. Allerdings kamen die beiden nicht alleine.
Der Herr, der zeitgleich mit Monika und Simone erschien und sich ganz selbstverständlich an den letzten freien Platz am Tisch setzte, hatte erstaunliche Informationen für die Ex-Schülerinnen und Schüler des Gutenberg-Gymnasiums.

Wenn Sie ein Menü vorgesehen haben, kann nun der Hauptgang serviert werden. Die Rollen werden dann erst danach vergeben.

Die Rollentexte

Vorstellungstext Nr. 1 – Klaus Buntschu

Meine Damen und Herren,
ich bin Kriminalhauptkommissar Klaus Buntschuh und leite die Ermittlungen im Fall Ihres vor 25 Jahren spurlos verschwundenen Lehrers, Dr. Gerd Stutenkötter.
Ich gehe einmal davon aus, dass Sie sich noch an die Vorkommnisse seinerzeit erinnern. Hier in diesem Haus wurde damals Ihre Abiparty gefeiert. Einige Lehrkräfte, darunter auch Dr. Stutenkötter, feierten mit. Gegen 24:00 Uhr wurde er das letzte Mal gesehen; er verließ das Haus über einen Nebeneingang. Da Stutenkötter alleine lebte, fiel sein Verschwinden zunächst gar nicht auf; er wurde erst Tage später von der damaligen Schulleitung als vermisst gemeldet. Aus den Protokollen der Kollegen von damals konnte ich entnehmen, dass er nach der Abiparty nicht mehr nach Hause gekommen ist. Dies hat die Spurenlage in seiner Wohnung zweifelsfrei ergeben. Alle Bemühungen, sein Schicksal zu klären, verliefen in der Folge im Sande.
Aber, werden Sie sich nun fragen, warum erwähne ich das und warum bin ich – warum sind Sie – heute hier?
Nun, es gibt Neuigkeiten: Vor einigen Wochen wollte eine Gruppe Jäger einen Hochstand in einem nahegelegenen Waldstück aufbauen. Man grub für das Fundament den Boden um und fand eine skelettierte Leiche.
Entsprechende Untersuchungen ergaben inzwischen, dass es sich um die sterblichen Überreste von Dr. Gerd Stutenkötter handelt.
Wir gehen davon aus, dass er noch in der Nacht seines Verschwindens gewaltsam ums Leben kam und dann in den Wald zu der Stelle verbracht wurde, an der seine Überreste nun gefunden wurden. Zum damaligen Zeitpunkt führte ganz in der Nähe der jetzigen Fundstelle noch ein befahrbarer Feldweg zu einer Jagdhütte. Diese Jagdhütte gehörte Wulf Bergener, dem Vater der heute hier ebenfalls anwesenden MariLu Bergener.
Heute bin ich vor allem an ihren Erinnerungen an jene Nacht interessiert.

Frau Weller, bitte machen Sie den Anfang, denn ich bin sicher, dass die anderen sehr verwundert über Ihre Anwesenheit sind.
Ach und ähm, verzeihen Sie mir bitte die Posse mit dem Klassentreffen. Ich wollte einfach sichergehen, dass genau dieser Kreis hier auch wirklich herkommt. Ich bin ziemlich sicher, dass mit Ihrer Hilfe das Rätsel um den Tod von Dr. Stutenkötter gelöst werden kann.

Hinweise Klaus Buntschu
Diese Infos bitte nach und nach für die Ermittlungen verwenden und geschickt einsetzen!

Einen Mord an Stutenkötter heute noch nachzuweisen, wird ohne ein Geständnis vermutlich kaum mehr möglich sein. Totschlag wäre inzwischen verjährt.
Stutenkötter wurde von einem Fahrzeug überfahren; diesen Schluss lassen seine Verletzungen zu.
Die Fundstelle liegt im Wald, nahe dem damaligen Feldweg zur Jagdhütte. Das heißt, der Tote oder Schwerverletzte wurde erst überfahren, dann ein Stück durch den Wald getragen und dort in einer Bodensenke abgelegt und begraben. Es ist nicht wahrscheinlich, dass eine Frau dies alleine getan haben kann. Du suchst daher entweder nach mehreren Personen oder einem kräftigen Mann. Alle der hier anwesenden Herren kämen von der Statur her infrage.

In dem Waldstück hat man damals nicht nach Stutenkötter gesucht; es gab keine entsprechenden Hinweise, die eine Suche hier begründet hätte. Da man auch nicht wusste, dass er überfahren wurde, sind Fahrzeuge ebenfalls nicht überprüft worden.
Da Stutenkötter keinerlei Verwandte oder enge Freunde hatte, ist die Sache damals ziemlich schnell zu den Akten gelegt worden. So ist das leider, wenn niemand auf Ergebnisse drängt und Ermittlungen ohne Erfolg bleiben. All diese Dinge kannst du nach und nach bekannt geben.

Auszüge aus den Protokollen von damals
Monika Weller hat 2 Wochen vor der Abiparty bei der Polizei um Rat gefragt. Sie war für kurze Zeit mit Stutenkötter liiert, hatte sich aber getrennt.
Seit diesem Zeitpunkt geschahen seltsame Dinge: Sie wurde telefonisch anonym beschimpft, ihre Reifen am Wagen wurden zerstochen und ihre Katze verschwand. Sie vermutete Stutenkötter hinter all diesen Dingen; beweisen konnte sie aber leider nichts. Man hat ihr daher von einer Anzeige abgeraten.

Stutenkötter hat am Abend seines Verschwindens für 24:00 Uhr eine Taxe bei dem Taxiunternehmen Bülow aus dem Ort bestellt. Der Fahrer hat Stutenkötter aber im Restaurant/Hotel nicht ausfindig machen können und ist nach kurzer Zeit ohne Gast wieder abgefahren.
MariLu Bergener hat ihren Wagen nach der Abifeier als gestohlen gemeldet. Sie gab an, das Auto auf dem Parkplatz des Hotels abgestellt zu haben. Als sie gegen 00:30 Uhr nach Hause fahren wollte, sei er weg gewesen.
Ist der Wagen wieder aufgetaucht? Falls ja, wo? Es steht nichts dazu in den Protokollen. Frage MariLu danach.

Wer von den Anwesenden besaß damals schon einen Führerschein und hatte an diesem Abend evtl. einen Wagen zur Verfügung?

Kann noch rekonstruiert werden, wer wann die Party verlassen hat?

Gab es besondere Vorkommnisse auf der Party oder im Vorfeld, die eine Tat begründen würden?

Und noch etwas Privates: Du hast eine Affäre mit Simone Büngler. Du hast sie zufällig vor ein paar Wochen bei einer Vernissage kennengelernt und ihr seid heute auch zusammen hier angereist.

Zum Schluss der Ermittlungen schreibt jeder auf, wen er für den Täter hält – wir lösen den Fall später gemeinsam auf.

Vorstellungstext Nr. 2 – Monika Weller

Einige von Ihnen werden mich inzwischen vielleicht erkannt haben. Ich hieß seinerzeit noch Monika Dierhardt und war als Sport- und Biolehrerin an Ihrer Schule tätig.
Gerd Stutenkötter und ich waren vor seinem Verschwinden für kurze Zeit ein Paar. Zunächst war auch alles okay. Im Laufe der Zeit aber entwickelte er sich extrem besitzergreifend. Er wollte mir alles Mögliche vorschreiben und bevormundete mich permanent. Ich habe dann den Schlussstrich gezogen, was ihn extrem verärgert hat.
Ich glaube, er war nicht gewohnt, dass eine Frau mit ihm Schluss macht.
In der Folge wurde ich belästigt, und es lag für mich nahe, dass Stutenkötter dahinter steckt. Nachts wurde ich anonym angerufen und beschimpft, meine Autoreifen wurden zerstochen und meine Katze Mia verschwand auf rätselhafte Art und Weise. Es war gruselig. Ich habe mich wirklich vor dem Mann gefürchtet.
Gott sei Dank war ich seinerzeit nicht alleine im Haus; Stefan, mein jüngerer Bruder, wohnte damals bei mir. Ohne ihn wäre ich vermutlich durchgedreht vor Angst. Stefan lebt seit vielen Jahren im Ausland; ich muss nach diesen Neuigkeiten unbedingt versuchen, ihn telefonisch zu erreichen.
Übrigens habe ich auch bei der Polizei um Rat und Hilfe gefragt. Man hat mir gesagt, ohne Beweise würden sie von einer Anzeige abraten, sonst würde Stutenkötter ggf. den Spieß umdrehen und mich anzeigen wegen übler Nachrede.
Die Einladung heute Abend hat sicher mit diesem Hilferuf bei der Polizei damals zu tun, oder Herr Buntschuh? Wie hätten Sie sonst auf mich kommen sollen?

Hinweise Monika

Diese Infos bitte nach und nach für die Ermittlungen verwenden und geschickt einsetzen!

Du warst 100% sicher, dass Stutenkötter hinter den anonymen Belästigungen und dem Verschwinden deiner Katze Mia steckte und hast dich vor dem Mann gefürchtet. Er war dir unheimlich. Darauf solltest du heute Abend immer mal wieder hinweisen. Zur Abifeier warst du eingeladen, bist aber aus Sorge vor einem Zusammentreffen mit ihm nicht hingegangen.
Bei den Abikonferenzen damals gab es im Kollegium zweimal Unmut über Bewertungen von Gerd Stutenkötter. Er hat MariLu Bergener so gut bewertet, dass sie das Abitur bestand und Krischan Müller so derart schlecht, dass er durchfiel.
Warum hat er das getan? Frage die beiden, ob sie etwas dazu sagen können.

Damals hat dein Bruder Stefan bei dir gewohnt; er war 17 Jahre alt und besuchte noch das Gymnasium. Deine Schwierigkeiten mit Stutenkötter hat er natürlich mitbekommen. Als eure Katze Mia dann auch noch verschwand, war Stefan außer sich. Trotz deiner Einwände hat er mehrfach angekündigt, mit Stutenkötter abzurechnen. Am Abend der Abiparty ist Stefan "um die Häuser gezogen". Als er nicht um die vereinbarte Zeit nach Hause kam, bist du los, um ihn zu suchen.
Gegen 02:00 Uhr in der Nacht hast du auch hier im Hotel nach ihm gefragt. Man sagte dir, er sei dagewesen, aber schon lange wieder weg.
Am nächsten Morgen saß Stefan munter in der Küche. Er sagte dir, Stutenkötter würde dich nie wieder belästigen.
Auf dein Drängen hin, hat er dir folgendes erzählt:
Stefan hat am Abend die Abifeier besucht und ein Gespräch zwischen MariLu und Stutenkötter belauscht. Die beiden wollten sich in der Nacht in der Jagdhütte treffen. Stefan hat dann die Wagenschlüssel von MariLu aus deren Jackentasche gestohlen und sich in ihren Wagen gesetzt. Als Stutenkötter aus dem Hotel kam und auf

ein Taxi wartete, ist Stefan vorgefahren und hat ihm gesagt, MariLu hätte ihn gebeten, ihn zur Jagdhütte zu fahren. Sie selbst würde dann später mit der Taxe nachkommen. Stutenkötter ist tatsächlich eingestiegen. Auf dem Weg zur Hütte hat Stefan auf dem Feldweg angehalten und eine Panne vorgetäuscht. Als der Lehrer ausstieg, ist Stefan ihm gefolgt und hat ihn verprügelt. Er hat ihm gesagt, er sollte sich euch nie wieder nähern.
Für den Moment warst du zwar sauer, aber es schien ja nichts weiter passiert zu sein. Dass Stutenkötter vermisst wurde, habt ihr erst Tage später erfahren. Du bist dann mit Stefan zu der Stelle im Wald gefahren, hast aber keine Spur von Stutenkötter entdeckt.
Stefan schwor erneut, dass der Lehrer lebte und munter war, als er von ihm abgelassen hatte. Ihr habt beschlossen, niemandem von den Vorkommnissen zu erzählen.
Stefan ist inzwischen als Monteur im Ausland tätig; ihr habt nie wieder über diese Nacht damals gesprochen. Du bist aber sicher, dass Stefan dich nicht belogen hat. Umgebracht und im Wald verscharrt haben, muss den Lehrer eine andere Person.
Du kannst diese Dinge gleich, solltest du darauf angesprochen werden, erzählen.
Pikantes: Du hast Kommissar Buntschuh und Simone Büngler heute Nachmittag auf der Fahrt hierher auf einer Tankstelle gesehen. Die beiden wirkten sehr verliebt und sind Arm in Arm in die Raststätte gegangen. Haben die beiden eine Affäre? Sprich dies gleich einmal an.

Zum Schluss der Ermittlungen schreibt jeder auf, wen er für den Täter hält – wir lösen den Fall später gemeinsam auf.

Vorstellungstext Nr. 3 – Dr. Peter Büngler

Nun ist auch das geklärt, Frau Weller. Sie kamen mir eben gleich so bekannt vor.
Wenn ich das also richtig verstehe, sitzen wir hier alle wie in einer Art Verhör? Das sind ja seltsam kreative Methoden, Herr Buntschuh, wirklich.
Naja, wie dem auch sei. Ich habe vor 25 Jahren schon ausgesagt, dass ich überhaupt nichts zum Verschwinden unseres Lehrers sagen kann.

Aber jetzt mal zu dir, Simone. Warum hast du mir nicht gesagt, dass du auch eine Einladung hast? Und vor allem aber frage ich mich, warum du eingeladen wurdest. Du warst doch gar nicht unser Jahrgang. Was hattest du denn mit Stutenkötter zu tun? Das würde mich ja wirklich mal interessieren!

Hinweise Peter

Diese Infos bitte nach und nach für die Ermittlungen verwenden und geschickt einsetzen!

Am Abend der Abiparty wolltet ihr, so war es ursprünglich verabredet, nach dem offiziellen Teil in der Hütte weiterfeiern. MariLu hat euch am Abend aber plötzlich mitgeteilt, die Hütte sei in der Nacht nicht frei, denn ihr Vater habe Jagdkollegen eingeladen.
Am nächsten Tag hast du MariLus Vater zufällig getroffen und nach seinen Jagdkollegen befragt. Er wusste von nichts.
Frage MariLu, warum sie damals gelogen hat. Warum wollte sie nicht, dass ihr in der Nacht noch in der Hütte feiert? Hatte sie ein Date? Und wenn ja, mit wem? Harald zum Beispiel war seinerzeit total verknallt in MariLu.

Du warst damals mit Beate zusammen; ihr wart das Traumpaar der Schule. Beate wollte gerne, dass du auch in den Staaten studierst. Sie lag dir immer wieder damit in den Ohren und sah eine glänzende Zukunft für euch in den USA. Für dich war dies aber keine Option. Daraufhin hat sie sich am Vorabend der Abiparty von dir getrennt. Du hast sehr gelitten, vor allem, als sie während der Party offensiv mit Stutenkötter flirtete. Fast hättest du ihn verprügelt, aber Harald hat dich davon abgehalten.

Du hast am Partyabend viel zu viel getrunken und irgendwann mit Chrissy geknutscht. Am nächsten Morgen bist du in einem der Gästezimmer aufgewacht. Wie du dahin gekommen bist, ist dir bis heute ein Rätsel. Frage die anderen, ob sie dir dazu noch was sagen können.

Beate ist am nächsten Morgen abgereist, du hast nie wieder von ihr gehört.

Die Lehrerin Monika Weller war damals auch auf der Abiparty eingeladen. Sie hatte auch zugesagt, kam aber nicht. Frag sie doch einmal, warum sie weggeblieben ist.

Zwei Jahre nach dem Abi hast du Simone zufällig hier im Hotel wiedergetroffen, sie hat hier gekellnert. Du warst mit einer Gruppe Kommilitonen im Haus zu Gast. Ihr habt die Nacht miteinander verbracht und sie wurde schwanger. Danach seid ihr zusammen geblieben und habt geheiratet. Eure Tochter Nadine war der Kitt in der Ehe, aber nun studiert Nadine in Regensburg und eure Ehe steht vor dem Exodus.

Leider ist Simone finanziell völlig von dir abhängig; sie hat ihre Ausbildung ja nie beendet und war immer nur Hausfrau und Mutter.

Simone war damals mit dem Bruder (Stefan) von Monika Weller in einer Klasse. Er war am Abend der Party auch hier im Hotel und hat sehr aggressiv nach Stutenkötter gefragt. Was wollte er von dem Lehrer? Kann jemand etwas dazu sagen?

Chrissy und MariLu haben damals ab und zu einen Joint geraucht; auch in der Hütte. Ihr anderen habt da nie mitgemacht.

Zum Schluss der Ermittlungen schreibt jeder auf, wen er für den Täter hält – wir lösen den Fall später gemeinsam auf.

Vorstellungstext Nr. 4 – Simone Quast

Mein lieber Peter, um deine Frage zu beantworten: Ich habe gar keine Einladung für dieses Treffen erhalten, sondern meine eigenen Kontakte.
Du hättest mir auch ruhig sagen können, dass du hierher fährst. Warum erfindest du eine Fortbildung? Aus solchen Kinkerlitzchen sind wir doch wirklich raus, oder?
Aber nun mal zu Dr. Gerd Stutenkötter und eurem Abiball damals. Wie ihr euch sicher erinnert, habe ich damals, als ihr euer Abi gefeiert habt, als Aushilfe hier im Hotel gekellnert.
Und ich werde natürlich alles, was ich in dieser Nacht beobachtet habe und was ich sonst noch weiß, berichten.
Fangen wir doch mal mit der Jagdhütte von MariLus Vater an. Wenn ich mich richtig erinnere, war diese Jagdhütte der beliebte Freizeittreff und die Partyoase einer hier vollzählig anwesenden Clique. Dazu zählten, wenn ich mich richtig erinnere Beate, Peter, Chrissy, Harald, Krischan und natürlich eben die schöne MariLu.
Und jetzt wird da, quasi nebenan, die Leiche gefunden, das ist schon seltsam, oder?

Hinweise Simone
Diese Infos bitte nach und nach für die Ermittlungen verwenden und geschickt einsetzen!

Du hast seit einigen Wochen eine Affäre mit Kommissar Buntschuh. Ihr habt euch auf einer Vernissage kennengelernt und seid auch zusammen hier angereist.
Nun zu unserem Fall:
Du hast damals hier im Haus gejobbt. Neben MariLu warst du auch die einzige aus diesem Kreis der Ex- Schüler, die einen Führerschein hatte.

MariLu besaß allerdings im Gegensatz zu dir auch ein Auto.

Peter war immer dein Schwarm, zu Schulzeiten aber unerreichbar für dich. Du hast ihn zwei Jahre nach dem Abi zufällig hier im Hotel wiedergetroffen. Peter war mit einer Gruppe Kommilitonen hier im Haus zu Gast, und du hast wieder einmal gekellnert. Ihr habt die Nacht miteinander verbracht – und du wurdest schwanger. Danach seid ihr zusammen geblieben und habt geheiratet. Eure Tochter Nadine war der Kitt in der Ehe, aber nun studiert Nadine in Regensburg und eure Ehe steht vor dem Aus.

Du hast leider keine Ausbildung, aber du bist eine sehr erfolgreiche Influencerin. Unter dem Namen "Monis_Welt_schnell_erzählt" berichtest du in einem Blog von deinem Hausfrauenleben, veröffentlichst Kochrezepte und Gartentipps. Das machst du so gut, dass du bereits 294.678 Follower und gute Werbeeinnahmen hast.
Peter ist völlig ahnungslos, der denkt, du bist finanziell von ihm abhängig.

Du weißt, dass Monika Weller (Dierhardt) damals in der Abi-Nacht hier im Haus war. Ihr Bruder Stefan war ein Klassenkamerad von dir. Monika hat in der Nacht nach Stefan gesucht und war sehr besorgt. Leider kannst du dich nicht mehr an die Uhrzeit erinnern. Erzähle den anderen davon.

Du hast Stefan am Abend auch tatsächlich hier im Haus gesehen; dies muss gegen 23:00 Uhr gewesen sein. In der Nacht hast du beobachtet, dass Stutenkötter das Haus verlassen und in MariLus Wagen auf der Beifahrerseite zugestiegen ist. Wer aber am Steuer saß, konntest du nicht sehen.

Kurz darauf hat ein Taxifahrer nach Stutenkötter gefragt; er hatte eine Taxe bestellt. Der Taxifahrer fuhr dann enttäuscht wieder ab. Erzähle den anderen davon.

Du hast das alles damals nicht ausgesagt, weil dein Vater es dir verboten hat. Er war bei MariLus Vater angestellt und wollte nicht, dass wir der Tochter seines Chefs Schwierigkeiten machen. Heute aber ist das anders: Erzähle den anderen von dieser Beobachtung damals.

Peter hat sich damals so betrunken, dass du ihn gemeinsam mit Chrissy aufs Zimmer bringen musstest. Er ist sofort eingeschlafen.
Die Abiparty ging noch die ganze Nacht. Gegen 03:00 Uhr in der Frühe hat die Mutter von Krischan Müller im Hotel anrufen und dich gefragt, ob ihr Sohn noch da sei. Sie machte sich Sorgen, weil er noch nicht nach Hause gekommen war.
Wo war Krischan in dieser Nacht? Frage ihn danach.

Zum Schluss der Ermittlungen schreibt jeder auf, wen er für den Täter hält – wir lösen den Fall später gemeinsam auf.

Vorstellungstext Nr. 5 – Chrissy Neumann

Oh je. EHE – nur drei Buchstaben, aber nichts als Probleme.
Als Familienanwältin bin ich da wirklich Expertin. Ich meine, kennt jemand von euch auch nur ein richtig glückliches Ehepaar? Nach der Scheidung von Barbie und Ken fallen mir da nur noch die Feuersteins und die Simpsons ein.
Ich persönlich habe nie geheiratet und finde, man kommt auch ohne Männer aus. Die Leistung, die sie einem abverlangen, steht in keinem Verhältnis zum Vergnügen. Aber jetzt mal zu damals:
Mit der Hütte, das stimmt. Wir waren in unserer Freizeit oft dort. Mann oh Mann, was haben wir da abgefeiert, dank MariLus Eltern und ihrer Großzügigkeit.
Wir alle haben MariLu damals um ihre Freiheit beneidet. Ihrem Vater gehörte hier im Ort eine große Firma und fast all unsere Eltern waren bei ihm angestellt.
Außerdem genoss sie alle Freiheiten und hatte sehr oft, sowohl im heimischen Bungalow als auch in der Jagdhütte, sturmfreie Bude.
Die Hütte war seinerzeit über einen befahrbaren Wirtschaftsweg erreichbar. Wir sind immer mit dem Rad hingefahren. Es war ja nicht so weit. Hier vom Ort aus waren das mit dem Rad kaum 20 Minuten.
MariLu allerdings fuhr mit dem Auto; sie hatte schon mit 18 den Führerschein und natürlich auch einen totschicken Wagen vom Papi bekommen.
Und Stutenkötter? Wir haben alle erst viele Tage später realisiert, dass Stutenkötter offensichtlich in dieser Nacht verschwunden ist.
Der Mann sah wirklich gut aus, das bestreitet sicher niemand.
Ich kann mir gut vorstellen, dass Sie, Frau Weller, sich in ihn verliebt haben. Allerdings hatte er einen sehr zweifelhaften Charakter. Er hat Krischan definitiv das Abi versaut und es anderen ermöglicht, nicht wahr, MariLu?
Wir waren uns damals alle ziemlich sicher, dass deine Eltern eine fette Spende oder ähnliches lockergemacht haben, damit du durchkommst. Anders ist dein Abi jedenfalls kaum zu erklären gewesen.

Hinweise Chrissy

Diese Infos bitte nach und nach für die Ermittlungen verwenden und geschickt einsetzen!

Als Anwältin weißt du: Einen Mord nachzuweisen wird ohne ein Geständnis vermutlich kaum mehr möglich sein. Totschlag wäre inzwischen verjährt. Dies kannst du den anderen gleich einmal mitteilen.

Woran ist Stutenkötter gestorben? Frage den Kommissar danach.

Am Abend der Abiparty wolltet ihr, so war es ursprünglich verabredet, nach dem offiziellen Teil in der Hütte weiterfeiern.
MariLu hat euch an dem Abend aber plötzlich mitgeteilt, die Hütte sei in der Nacht nicht frei, denn ihr Vater habe Jagdkollegen eingeladen. Für dich war das okay, du hast es nicht weiter hinterfragt.

Gegen 00:30 Uhr hat MariLu festgestellt, dass man ihr den neuen Wagen direkt vor der Haustüre des Hotels gestohlen hat. Sie kam ganz aufgeregt zur dir mit dieser Nachricht. Ihr beiden habt dann auf der Damen-Toilette einen Joint miteinander geteilt. Gegen 01:00 Uhr wurde deine Freundin von ihrer Mutter abgeholt.
Erzähle den anderen davon.

Harald Bülows Eltern hatten ein Taxiunternehmen und eine Autovermietung hier im Ort. Harald hatte hier freien Zugriff und unternahm ab und zu Spritztouren mit dir, obwohl er noch gar keinen Führerschein hatte . Natürlich war das verboten, aber auch aufregend. Ihr seid auch nie erwischt worden.
Erzähle den anderen davon.

Beim Abiball gab es einen Zwischenfall: Stutenkötter hat auf der Feier so eng mit Beate getanzt, dass Peter ihn von der Tanzfläche geholt hat. Fast hätten die beiden sich geprügelt.
Harald ist dazwischen gegangen und hat Schlimmeres verhindert.

Simone war damals in Peter verknallt. Sie hatte aber überhaupt keine Chance bei ihm, daher hast du dich gewundert, dass die beiden inzwischen verheiratet sind.

Du hast damals auf der Abiparty mit Peter geknutscht; Ihr wart eben alle ziemlich betrunken. Peter hat sich dann so abgeschossen, dass du ihn später mit Simone auf eines der Zimmer bringen musstest. Er ist sofort eingeschlafen. Auch dies kannst du den anderen berichten.

Du hast vor kurzem einen Zwischenstopp auf dem Münchner Flughafen gehabt und dir dort ein Würstchen an einer Bude gekauft. Dort hingen Bilder der Mitarbeiter aus. Du bist sicher, auf einem der Bilder Harald erkannt zu haben. Ist er, der zu Abizeiten wirklich klügste von euch allen, Verkäufer in einer Würstchenbude? Frag ihn danach.

Zum Schluss der Ermittlungen schreibt jeder auf, wen er für den Täter hält – wir lösen den Fall später gemeinsam auf.

Vorstellungstext Nr. 6 – MariLu Bergener

Ach Mensch, Chrissy, du leidest ja immer noch unter diesem schrecklichen Robin-Hood-Komplex. Wer Geld hat, ist schuld und besticht ganz bestimmt die Leute. So ein Bullshit! Mein Vater war damals der größte Arbeitgeber im Umkreis; fast das ganze Dorf war bei ihm beschäftigt. Sowas schafft leider immer viele Neider.

Die Sache mit der Hütte, die stimmt. Wir, also Peter, Chrissy, Harald, Krischan und Beate waren viel in der Jagdhütte meines Vaters. Der Schlüssel zur Hütte lag unter einem Holzstapel, und jeder von uns konnte, wenn er Lust und Laune dazu hatte, die Hütte nutzen.
Es stimmt auch, dass meine Eltern oft auf Reisen waren. Sie haben mir eben vertraut.
Und ja, ich hatte auch ein Auto, welches, wie ihr euch vielleicht erinnert, in der Abi-Nacht gestohlen wurde.
All das ist bekannt und hat nichts mit dem Verschwinden von Stutenkötter zu tun.
Aber mal zu dir Beate: Warum bist du denn schon am nächsten Tag in die Staaten abgereist? Dein Studium in den USA begann doch erst im September? Du bist ja quasi über Nacht auf und davon und hast dich nie wieder gemeldet. Die Polizei konnte dich damals gar nicht mehr befragen, oder? Vielleicht kann Herr Kommissar Buntschuh das heute mal nachholen.
Ich werde jetzt gar nichts mehr dazu sagen, hernach gerät man noch unter Verdacht, nur weil man ein bisschen mit seinem Lehrer geflirtet und das Abitur bestanden hat.

Hinweise MariLu
Diese Infos bitte nach und nach für die Ermittlungen verwenden und geschickt einsetzen!

Am Abend der Abiparty wolltet ihr, so war es ursprünglich verabredet, nach dem offiziellen Teil in der Hütte weiterfeiern. Allerdings: Du hast damals tatsächlich heftig mit Stutenkötter geflirtet. Er hat dann auch dafür gesorgt, dass du das Abi bestehst. Das wollte Stutenkötter dann "ganz privat" mit dir in der Jagdhütte feiern. Du hast den anderen daher abgesagt, mit der Begründung, dein Vater habe dort an diesem Abend Jagdkollegen zu Gast.
Gegen 24:00 Uhr hat Stutenkötter dir gesagt, er würde jetzt zur Jagdhütte aufbrechen. Du hast ihm gesagt, wo er den Schlüssel findet und versprochen, zeitnah nachzukommen.
Allerdings hattest du, gemeinsam mit deinem damals besten Freund Krischan, ganz andere Pläne: Krischan wollte Stutenkötter in der Hütte empfangen. Er war nicht gut auf den Lehrer zu sprechen, da dieser ihm das Abi durch unfaire Bewertungen unmöglich gemacht hat. Was genau er vorhatte, weißt du nicht. Krischan war aber nie gewalttätig.

Krischan hat die Party früher verlassen und sich auf den Weg zur Hütte gemacht. Später, als Stutenkötter auch auf dem Weg war, hast du plötzlich Bedenken bekommen und wolltest auch zur Hütte fahren, um Krischan vor einer Dummheit zu bewahren.
Als du dann zu deinem Wagen gegangen bist, war dieser verschwunden/gestohlen. Dies war gegen 00:30 Uhr circa. Auch der Autoschlüssel war aus deiner Jackentasche verschwunden.
Da die Jacken alle an der Garderobe hingen, kann ihn jeder genommen haben. Auf den Schreck hast du mit Chrissy einen Joint auf dem Damen-WC geteilt.
Um 01:00 Uhr hat deine Mutter dich abgeholt und nach Hause gebracht. Dort bist du die Nacht über geblieben.
Dein Wagen wurde Tage später völlig unversehrt auf dem Parkplatz eines Einkaufszentrums hier in der Stadt gefunden.

Von Krischan hast du nichts mehr gehört und bist 2 Tage später mit deinen Eltern auf Weltreise gegangen; dies war dein Geschenk zum Abitur.

Dass Stutenkötter vermisst wurde, habt ihr auch erst nach eurer Rückkehr erfahren und zunächst nicht in Verbindung mit der Abi-Nacht gebracht. Als dir ein Zusammenhang dämmerte, hatte Krischan den Ort mit unbekanntem Ziel verlassen.

Damals gab es noch kein WhatsApp oder ähnliches. Du konntest lange Zeit keinen Kontakt zu Krischan aufnehmen und hast alles auf sich beruhen lassen. Du kannst den anderen gleich von diesen Ereignissen erzählen.

Fakt ist, dass Krischan keinesfalls deinen Autoschlüssel genommen hat. Nachdem er sich verabschiedet hatte, um mit dem Rad zur Jagdhütte zu fahren, hast du noch ein kleines Geschenk für eine Freundin aus dem Wagen geholt.
Wer also hat dein Auto gestohlen?

Du verdienst dein Geld als Managerin einer Kosmetikfirma und bist recht erfolgreich. In diesem Zusammenhang beschäftigst du dich auch mit Instagram und folgst einem Blog von Simone Büngler. Sie ist eine erfolgreiche Influencerin und erzählt jeden Morgen live von ihrem Hausfrauenleben. (Monis_Welt_schnell_erzählt) Anscheinend ist sie erfolgreich, denn es werden schon Werbeanzeigen über den Blog geschaltet. Sprich sie doch einmal darauf an, vielleicht kommt ihr ins Geschäft, wenn "Moni" auch eure Kosmetik empfiehlt.

Zum Schluss der Ermittlungen schreibt jeder auf, wen er für den Täter hält – wir lösen den Fall später gemeinsam auf.

Vorstellungstext Nr. 7 – Krischan Müller

Aber bitte, Ladies and Gentlemen, nun wollen wir rhetorisch mal wieder ein bisschen abrüsten, ja? Merkt ihr nicht, wohin das führt?? Wir waren damals beste Freunde und auch, wenn diese Einladung in Bezug auf das Klassentreffen ein FAKE war, lasst uns das Wiedersehen mit gutem Wein genießen. Wein ist für vieles im Leben eine gute Lösung. Er stärkt immer den Geisteszustand, den er vorfindet: Er macht die Klugen klüger und die Dummen dümmer. In diesem Sinne: Cheers .... (trinkt hörbar)

Es ist kein Geheimnis, dass Mr. Stutenkötter mir das Abitur vermasselt und meine Klausuren extrem unfair bewertet hat. Wie ihr aber seht, ist trotzdem noch etwas aus mir geworden, und sogar meine Eltern haben sich, wenn auch erst nach längerer Denkpause, beruhigt. Es ist im Leben doch immer so: Eine Tür geht zu, eine andere auf – und das Abitur und die schulischen Dinge werden komplett überbewertet. Dass ihr das aber nicht meinen Kindern verratet, ja? Ach, und noch etwas ganz Wichtiges: Keine Fotos von mir bitte. Ich bin mit Lady Noralou Southmably-Wessenbath, einer Verwandten des englischen Könighauses, verheiratet. Wir haben mit dem Brexit, dem Meghxit, Randy-Andy und den royalen Verwandten auf der Insel zurzeit genug Probleme. Das könnt ihr in jeder Zeitschrift nachlesen. Wir sind an keinen weiteren Schlagzeilen interessiert. Also: Ich bin inkognito hier.

Und was die Abinacht angeht: Ich habe die Feier schon gegen 23:00 Uhr verlassen. Daran erinnert sich vielleicht noch der eine der andere. Stutenkötter ist, soweit mir bekannt ist, noch bis 24:00 Uhr geblieben. Da lag ich längst in den Federn.

Hinweise Krischan

Diese Infos bitte nach und nach für die Ermittlungen verwenden und geschickt einsetzen!

Stutenkötter hat dich ganz bewusst durchs Abi fallen lassen. Er mochte dich einfach nicht, du hattest in den Prüfungen seiner Fächer nie eine faire Chance.

Am Abend der Abiparty wolltet ihr nach dem offiziellen Teil in der Hütte weiterfeiern. MariLu hat euch an dem Abend aber plötzlich mitgeteilt, die Hütte sei in der Nacht nicht frei, denn ihr Vater habe Jagdkollegen eingeladen.

Du allerdings kanntest den wahren Grund für diese Absage, denn MariLu war damals deine beste Freundin. Sie hat dir erzählt, dass sie mit Stutenkötter in der Nacht in die Jagdhütte verabredet war. Er wollte eine Belohnung von ihr, weil er ihr das Abitur ermöglicht hat. Dir ist ganz übel geworden, alleine bei dem Gedanken und auch MariLu hatte absolut keine Lust auf dieses Date.

Ihr habt einen Plan geschmiedet: Nicht MariLu, sondern du wolltest ihn in der Hütte erwarten. Gegen 23:00 Uhr hast du die Party verlassen und bist mit dem Rad aufgebrochen.

In der Jagdhütte angekommen bist du gegen 23:30 Uhr. Du hast den Strom in der Hütte abgestellt und dich hinter der Türe auf die Lauer gelegt. Bei Betreten der Hütte wolltest du ihm einen bereitstehenden Eimer mit eiskaltem Wasser über den Kopf schütten und dann abhauen. Stutenkötter aber kam in der Nacht gar nicht. Schließlich bist du eingeschlafen und erst am nächsten Morgen aufgewacht.

Auf dem Rückweg mit dem Fahrrad hast du Stutenkötter gefunden. Er lag auf dem Feldweg und war tot. Seine Leiche sah übel aus; vermutlich war er überfahren worden. Du hast vermutet, dass MariLu den Lehrer überfahren hat. Sie war doch die einzige von euch, die ein Auto hatte. Du hast die Leiche in den Wald geschleppt, dort in einer Senke abgelegt und begraben.

MariLu ist dann einen Tag später mit ihren Eltern zu einer Weltreise aufgebrochen.

Deine Eltern waren damals ziemlich sauer auf dich, weil du das Abi nicht geschafft hattest. Du hast es daher vorgezogen, ein paar Jahre durch die Welt zu reisen und Erfahrungen zu sammeln. Damals gab es weder WhatsApp, noch soziale Netzwerke. Daher war der Kontakt zu deinen Freunden für Jahre unterbrochen.

Du hast nie wieder mit MariLu über diese Nacht damals gesprochen. Tatsache ist, dass du den Lehrer nicht umgebracht, sondern nur seine Leiche hast verschwinden lassen. Diese Tat ist sicher verjährt. Und wenn MariLus Wagen gestohlen wurde, war sie sicher auch nicht die Täterin! Du kannst den anderen also von den Ereignissen damals erzählen. Warte aber noch ein bisschen damit und höre erst einmal zu, was die anderen so berichten.

Deine Frau, Lady Noralou Southmably-Wessenbath ist eine gute Freundin von Beate. Die beiden haben zusammen in Harvard studiert. Beate hat euch bekannt gemacht, als du sie in den Staaten besucht hast.
Deine Frau hat dir später erzählt, dass Beate während dem Studium ein Baby bekommen hat. Der Vater war Peter Büngler. Sie hat das Kind zur Adoption freigegeben.
Peter ist vermutlich immer noch völlig ahnungslos.

Stefan, der Bruder von Monika Weller, war damals auch Schüler eures Gymnasiums. Du hast ihn an dem Abend auf dem WC getroffen. Er war auf hundertachtzig und erzählte dir, Stutenkötter habe eine Katze der Familie verschwinden lassen. Du hast kurz überlegt, Stefan einzuweihen in die geplante Aktion der Nacht, es dann aber doch nicht getan.

Zum Schluss der Ermittlungen schreibt jeder auf, wen er für den Täter hält – wir lösen den Fall später gemeinsam auf.

Vorstellungstext Nr. 8 – Beate Schwaderlapp

Oh Leute,
warum sollen wir jetzt noch das Gras beim Drüberwachsen stören? Es ist ein Vierteljahrhundert her, meine Güte. Wie will man das jetzt noch aufklären?
Und MariLU, zu deiner Frage:
Die Abreise damals kam für euch überraschend, für mich nicht. Ich kann ABSCHIED einfach nicht. Deshalb habe ich euch allen ein falsches Abreisedatum genannt. Wenn ich euch gesagt hätte: "Hey, das ist mein letzter Abend in Deutschland", ... dann hätten wir so, wie wir damals drauf waren, den ganzen Abend rumgeheult.

So, nun zu dir, Herr Professor Harald.
Du warst damals, dies war ein offenes Geheimnis, komplett verschossen in unsere MariLu. Leider hat sie dich auch in der Abi-Nacht wieder abblitzen lassen und du bist von der Feier abgehauen, obwohl sie noch gar nicht zu Ende war. Du hast mir so leidgetan. Ich habe dich eine ganze Weile gesucht, aber du warst weg. Es war echt schade, denn so haben wir uns gar nicht mehr gesehen vor meiner Abreise in die USA.

Hinweise Beate

Diese Infos bitte nach und nach für die Ermittlungen verwenden und geschickt einsetzen!

Am Abend der Abiparty wolltet ihr, so war es ursprünglich verabredet, nach dem offiziellen Teil in der Hütte weiterfeiern.
MariLu hat euch an dem Abend aber plötzlich mitgeteilt, die Hütte sei in der Nacht nicht frei, denn ihr Vater habe Jagdkollegen eingeladen. Du hast das so akzeptiert und dir keine weiteren Gedanken darüber gemacht, denn du hattest genug eigene Probleme:

Du warst damals mit Peter liiert und schwanger von ihm. Seinerzeit wolltest du unbedingt, dass Peter mit dir in die USA geht und ihr euch dort eine Zukunft aufbaut. Du hattest dir vorgenommen, Peter am Abend der Abiparty von deiner Schwangerschaft zu erzählen. Leider habt ihr euch aber wieder gestritten. Denn Peter hat erneut sehr entschieden abgelehnt, mit dir in die USA gehen.
Dies war das Ende eurer Beziehung. Du hast ihm die Schwangerschaft verschwiegen und ihn bei der Abiparty ignoriert.
Um Peter zu provozieren hast du sehr lange und eng mit Stutenkötter getanzt; Peter war richtig sauer darüber.
Später hat er, vermutlich um dich zu ärgern, mit Chrissy geknutscht und sich total betrunken.

Du hast deine Abreise dann vorgezogen und euren Sohn Monate später in den USA gleich nach der Geburt zur Adoption freigegeben. Inzwischen habt ihr aber guten Kontakt, er heißt Mike-Peter, hat gute Adoptionseltern und studiert. Mike-Peter möchte seinen leiblichen Vater gerne kennenlernen. Es wird Zeit, Peter davon zu erzählen.

Was noch wichtig sein könnte:
MariLu hat gegen 00:30 Uhr bemerkt, dass ihr Auto gestohlen wurde. Sie war sehr aufgeregt.
Haralds Eltern hatten ein Taxiunternehmen und eine Autovermietung. Er hatte freien Zugriff auf alle Autos dort und sich öfters mal

einen Wagen "geborgt", obwohl er noch gar keinen Führerschein hatte.
Harald war damals sehr verliebt in MariLu, aber er hatte keine Chance bei ihr.
Am Abend der Abiparty hast du ihn gegen 00:30 Uhr gesucht, aber er war nicht mehr da.

Krischan hat die Abifeier damals noch früher verlassen. Es war gegen 23:00 Uhr circa, als er sich von dir verabschiedet hat. Er war damals der beste Freund von MariLu.

Chrissy und MariLu haben damals ab und zu einen Joint geraucht; auch in der Hütte. Ihr anderen habt da nie mitgemacht.

Lady Noralou Southmably-Wessenbath ist eine gute Freundin von dir. Ihr habt zusammen in Harvard studiert. Du hast sie mit Krischan gekannt gemacht; er hat dich nach dem Abi in den Staaten besucht. Insofern hat Krischan sein privates Glück dir zu verdanken.

Zum Schluss der Ermittlungen schreibt jeder auf, wen er für den Täter hält – wir lösen den Fall später gemeinsam auf.

Vorstellungstext Nr. 9 – Harald Bülow

Tja, ihr Lieben, mit MariLu, das stimmt. Mann, Mann, war ich verschossen. Sie war aber auch eine Süße. Und dann all das Geld der Eltern ... sehr reizvoll. (bekommt Lachanfall)
Nee, nun aber im Ernst. Es stimmt, ich fand MariLu zu der Zeit damals überaus attraktiv. Das ist aber lange her.
Ich bin inzwischen zum vierten Mal verheiratet und habe drei Töchter von zwei Frauen. Beruflich geht es mir gut, ich leite ein Unternehmen in München.
Und Dr. Stutenkötter? Nach seinem Verschwinden machten ja ganz schnell die tollsten Geschichten die Runde durchs Dorf. Von Selbstmordtheorien bis Abgehauen wegen Überschuldung und Missbrauchsgerüchten an Schülerinnen hat man nix ausgelassen.

Und Beate hat recht, ich hatte das fast vergessen: Ich bin damals tatsächlich früher abgehauen. Mir war irgendwie nicht gut, und Alkohol habe ich ja immer schon nicht so besonders gut vertragen.
Und die Hütte? (*schwärmt geradezu*) Stimmt, da waren wir oft zusammen, das waren Zeiten. Ich erinnere mich wirklich gerne daran. Eigentlich schade, dass unser Partydomizil von einst inzwischen abgerissen ist. Da hätte ich gerne nochmal mit euch gefeiert, wirklich gerne.
Wer erinnert sich überhaupt noch an diese Nacht? Und ist das dann noch glaubhaft? Wie schnell ist die Wahrheit das für einen, woran man glaubt?

Hinweise Harald

Diese Infos bitte nach und nach für die Ermittlungen verwenden und geschickt einsetzen!

Am Abend der Abiparty wolltet ihr, so war es ursprünglich verabredet, nach dem offiziellen Teil in der Hütte weiterfeiern. MariLu hat euch an dem Abend aber plötzlich mitgeteilt, die Hütte sei in der Nacht nicht frei, denn ihr Vater habe Jagdkollegen eingeladen.
Du warst damals sehr verliebt in MariLu. Chrissy hat nach der überraschend bestandenen Abiprüfung von MariLu vermutet, sie sei heimlich mit Stutenkötter liiert, aber du hast es nicht glauben wollen.
Du hast MariLu am Partyabend daher sehr genau beobachtet. Sie hat immer wieder intensiven und eindeutigen Blickkontakt zu Stutenkötter gehabt.
Gegen 24:00 Uhr ist dir Stutenkötter auf dem WC begegnet. Er wünschte dir noch einen schönen Abend. Du hast ihn gefragt, ob er die Feier schon verlassen wolle. Er bejahte dies und ging dann durch den Hinterausgang auf den Parkplatz. Dort ist er in MariLus Wagen zugestiegen und weggefahren. Du hast angenommen, dass MariLu am Steuer sitzt. Dies kannst du gleich erzählen.

Deine Eltern hatten damals ein Taxiunternehmen und eine Autovermietung. Du hast dir (ohne Führerschein) öfters mal einen Wagen "geborgt" und damit Spritztouren durch die Eifel unternommen. Auch dies kannst du, wenn du darauf angesprochen wirst, zugeben.
Was du allerdings nicht verraten solltest:
Du bist nach der Abfahrt von Stutenkötter zu eurer Autovermietung gelaufen und hast dir einen Wagen "geliehen". Damit bist du zur Waldhütte gefahren, denn du warst sicher, dass MariLu und Stutenkötter sich dort treffen. Irgendwo auf dem dunklen Weg tauchte Stutenkötter plötzlich im Lichtkegel des Wagens auf dem Weg auf. Er war verletzt und blutete an Nase und Kopf; dies hast du noch gesehen, bevor du ihn völlig unabsichtlich überfahren hast.
Du bist in Panik davon gefahren und hast Stutenkötter dort

liegenlassen. Später hast du den Wagen wieder auf dem Platz abgestellt. Da Stutenkötter verschwunden blieb und nicht auf dem Weg gefunden wurde, hast du dir die ganzen Jahre eingeredet, dass er den Unfall damals überlebt hat.

Dem ist aber leider nicht so! Du bist heute unser Täter. Was dich aber nach wie vor beschäftigt: Warum war Stutenkötter schon vor dem Unfall verletzt im Gesicht? Und wer hat ihn in den Wald gebracht und die Leiche versteckt?

Trotz Traumabitur hast du nie studiert, sondern dich mit Gelegenheitsjobs über Wasser gehalten. Drei Ehen sind gescheitert, und das Unternehmen, welches du leitest, ist eine Würstchenbude am Flughafen.

Damit kannst du von dir ablenken:

Stefan, der Bruder von Monika Weller, war an diesem Abend auch auf der Abiparty. Er hat dir erzählt, dass Stutenkötter seine Schwester stalke und dass er auch seine Katze Mia entführt habe. Erzähle den anderen davon.

Stefan war wirklich stinksauer und er konnte ebenfalls Autofahren. Das weißt du, weil er bei deinen Eltern schon mal Geld mit Autowaschen verdiente und die Wagen dafür auf dem Gelände hin- und herfahren musste.

Chrissy und MariLu haben damals ab und zu einen Joint geraucht; auch in der Hütte. Ihr anderen habt da nie mitgemacht.

Gib kein Geständnis ab! Zum Schluss der Ermittlungen schreibt jeder auf, wen er für den Täter hält – wir lösen den Fall später gemeinsam auf.

Nr. 10 – Stefan Dierhardt

Kein Vorstellungstext!

Hinweise Stefan

Diese Infos bitte nach und nach für die Ermittlungen verwenden und geschickt einsetzen!

Du, lieber Stefan wirst heute per Video-Konferenz zum Klassentreffen zugeschaltet, da du inzwischen im Ausland lebst und arbeitest. Dies solltest du den anderen am Tisch gleich auch so ankündigen.

Nun zu deiner Rolle:
Du bist der Bruder von Monika Weller.
Du hast vor 25 Jahren bei Monika gelebt, warst damals 17 Jahre alt und hast ebenfalls das Gutenberg-Gymnasium besucht. Simone Quast war damals eine Klassenkameradin von dir.
Deine Schwester Monika war seinerzeit kurz mit Dr. Stutenkötter liiert. Da er immer besitzergreifender wurde, hat sie sich aber von ihm getrennt.
In der Folge hat er sie bedroht und gestalkt. Als dann auch noch eure Katze Mia verschwand, hast du gleich angenommen, dass der Doktor sie hat verschwinden lassen. Du warst wirklich außer dir vor Wut.
Am Abend der Abiparty bist du "um die Häuser gezogen" und warst auch in der Location, in welcher die Abiparty stattfand.
Du hast ein Gespräch zwischen MariLu und Dr. Stutenkötter belauscht; die beiden wollten sich in der Nacht in der Jagdhütte treffen.
Du hast daraufhin die Wagenschlüssel von MariLu aus deren Jackentasche gestohlen und ihren Wagen genommen.
Als Dr. Stutenkötter aus dem Hotel kam und auf ein Taxi wartete, bist du vorgefahren und hast ihm gesagt, MariLu hätte dich gebeten, ihn zur Jagdhütte zu fahren. Sie selbst würde dann später mit der Taxe nachkommen.
Dr. Stutenkötter ist tatsächlich eingestiegen. Auf dem Weg zur Hütte hast du auf einem Feldweg angehalten und eine Panne vorgetäuscht. Als der Lehrer ausstieg, bist du ihm gefolgt und hast ihn verprügelt.
Du hast ihm gesagt, er sollte sich euch nie wieder nähern.

Stutenkötter war zwar im Gesicht verletzt, aber es ging ihm soweit gut, als du von ihm abgelassen hast.
Dann bist du zurückgefahren und hast MariLus Wagen auf dem Parkplatz eines Supermarktes abgestellt.
Am nächsten Morgen hast du deiner Schwester Monika alles erzählt. Als Dr. Stutenkötter dann Tage später vermisst wurde, bist du mit Monika zu der Stelle im Wald gefahren, aber es war keine Spur von Stutenkötter zu entdecken.
Ihr habt nie wieder über diese Nacht gesprochen.
Du bist dann ins Ausland gegangen, um als Monteur zu arbeiten.
Natürlich hast du dich immer wieder gefragt, was wohl aus Stutenkötter geworden ist. Es war dir all die Jahre nicht wohl bei dem Gedanken, dass er durch deine Schläge vielleicht doch schwerer verletzt war, als von dir angenommen. Er lebte aber ganz sicher, als du weggefahren bist.
Vielleicht könnt ihr das Rätsel heute lösen.
Fest steht, dass deine Schwester damals große Angst vor Stutenkötter hatte und du ihr helfen wolltest. Darauf solltest du immer wieder hinweisen.

Zum Schluss der Ermittlungen schreibt jeder auf, wen er für den Täter hält – wir lösen den Fall später gemeinsam auf.

Vorstellungstext Nr. 11 – Unabhängiger Beobachter
(nur bei 11 Personen besetzen)

Ich nehme als Sonderermittler an dieser Runde teil und darf mir frei aussuchen, bei welcher Person ich mit in den Geheimtext mit den Hinweisen schauen darf.
Die Auswahl muss sich allerdings auf eine Person beschränken.
Ich kann diese Person beraten und mich ansonsten ganz normal an den Ermittlungen beteiligen.
Wenn meine Wahl zufällig auf die Täterin oder den Täter fällt und ich auf diese Weise vorab erfahre, wer schuldig ist, stehe ich selbstverständlich unter Schweigepflicht.
Den Täter werde ich also keinesfalls verraten!

Hinweise Beobachter

Du hast im Vorfeld gewählt und dich für eine Person entschieden, mit welcher du in der Ermittlungsrunde zusammenarbeiten wirst. Solltest du zufällig den/die Täter/in gewählt haben: Denke an die Schweigepflicht.
Lasst euch in diesem Falle nichts anmerken und versucht gemeinsam, den Verdacht auf andere Personen zu lenken.

Ansonsten gilt:
Fast alle Mitspieler haben größere und kleinere Geheimnisse und genau diese gilt es, herauszufinden.
Oft gehen gute Ermittlungsansätze im Gespräch unter, weil neue Vorwürfe laut werden und das bereits Gesprochene in Vergessenheit gerät.
Höre also genau hin und versuche, jeder Aussage wirklich auf den Grund zu gehen.
Fertige Notizen an, wenn du etwas wichtig erachtest.
Der springende Punkt ist: Wer hatte wirklich ein Motiv für die Tat und wer hatte die Gelegenheit?
Viel Spaß bei den Ermittlungen!

Zum Schluss der Ermittlungen schreibt jeder auf, wen er für den Täter hält – wir lösen den Fall später gemeinsam auf.

Auflösung Das Klassentreffen

Einen so lange zurückliegenden Fall aufzuklären, ist gar nicht so einfach.
Vermutlich, so nimmt die Polizei es an, starb Dr. Stutenkötter noch in der Nacht des Abiballs, denn er kam in dieser Nacht vor 25 Jahren laut Spurenlage nicht mehr in seine Wohnung zurück.
Dass ihm etwas zugestoßen sein musste, fiel erst einige Tage später auf, da Stutenkötter keine Verwandten oder engere Freunde hatte. Die Schulleitung hat ihn schließlich, als er nicht mehr zum Unterricht erschien, vermisst gemeldet.
Wir wissen inzwischen, dass er seinerzeit überfahren und dann in den Wald verschleppt und vergraben wurde. Stutenkötter wog zum Zeitpunkt seines Verschwindens, dies konnte man dem Zeitungsbericht vom Flyer entnehmen, circa 90 kg.
Daher sollten wir davon ausgehen, dass es entweder mehrere Personen oder ein kräftiger Mann gewesen sein muss, der die Leiche nach der Tat in den Wald verschleppt hat.
Eine Frau kann dies alleine kaum schaffen.
Versuchen wir also herausfinden, wer damals überhaupt ein Motiv und die Gelegenheit zur Tat gehabt hat.

Simone Büngler hat kein Motiv für die Tat. Sie hat außerdem den ganzen Abend gearbeitet und war sogar gegen 03:00 Uhr in der Nacht, als Krischans Mutter im Lokal anrief und nach ihrem Sohn fragte, noch im Arbeitseinsatz.

Dr. Peter Büngler hat sich zwar über den Lehrer geärgert, er war aber so betrunken, dass er sogar zu Bett gebracht werden musste. Insofern hat er ein Alibi.

Beate Schwaderlapp hat ebenfalls kein Motiv für die Tat. Ihr war der Lehrer völlig egal. Ihre etwas überstürzte Abreise in die USA hatte ebenfalls nichts mit dem Verschwinden des Lehrers zu tun, sondern eher mit der Beziehung zu Peter und der Schwangerschaft, die sie Peter in der Folge all die Jahre verschwiegen hat.

Und *Chrissy Neumann*? Warum sollte sie Stutenkötter etwas antun? Dies ergibt ebenfalls keinen Sinn. Es ist kein Motiv erkennbar.

Schauen wir auf *MariLu Bergener*. Sie hat ihren Wagen in der Nacht als gestohlen gemeldet, aber macht sie das alleine verdächtig? Stutenkötter hat gegen 24:00 Uhr das Haus verlassen und MariLu hat ihren Wagen kurz darauf, nämlich gegen 00:30 Uhr, vermisst.
Sie wurde dann gegen 01:00 Uhr in der Nacht von ihrer Mutter abgeholt. In der Zeit zwischen 00:30 Uhr und 01:00 Uhr hat sie mit Chrissy im WC-Raum einen Joint geraucht.
Sie saß also definitiv nicht am Steuer, als ihr Wagen gestohlen wurde und sie saß auch definitiv nicht am Steuer, als Stutenkötter in ihren Wagen eingestiegen ist.

Als Verdächtige bleiben also Frau Weller, ihr Bruder Stefan, Krischan und Harald.

Monika Weller ist am Abend der Abiparty auch im Hotel gewesen und hat nach ihrem Bruder Stefan gesucht. Sie war aufgeregt und wollte ihn vor einer Dummheit bewahren. Frau Weller hat selbst ein Auto; dies wissen wir, weil sie im Vorstellungstext davon erzählt hat, dass Stutenkötter ihr in der Vergangenheit die Reifen am Wagen zerstochen hat. Sie hätte also kaum den Wagen von MariLu stehlen müssen. Außerdem hatte Frau Weller wirklich Angst vor Stutenkötter; es ist stark zu bezweifeln, dass sie diesen Mann wirklich gebeten hätte, zu ihr in einen Wagen zu steigen. Zumal in einen gestohlenen Wagen. Frau Weller kannte auch die Waldhütte nicht. Sie scheidet als Täterin demnach ebenfalls aus.

Krischan Müller sagt, er sei gegen 23:00 Uhr nach Hause gegangen. Wir wissen aber vom besorgten Anruf seiner Mutter gegen 03:00 Uhr im Hotel. Zuhause war er also nicht.
Vermutlich haben Sie ermittelt, dass Krischan im Laufe des Abends mit dem Fahrrad zur Hütte gefahren ist; den Wagen von MariLu hat er nicht entwendet. Außerdem hat MariLu ausgesagt, dass sie nach

Krischans Aufbruch noch ein Geschenk für eine Freundin aus ihrem Wagen geholt hat.

Und *Harald Bülow*? Nun, er hat zumindest Zugriff auf die Autos aus der Autovermietung seiner Eltern.
Und dann ist da ja auch immer noch *Stefan Dierhardt*, der Bruder von Frau Weller mit im Spiel. Er hat sich ziemlich darüber aufgeregt, dass seine Schwester von Stutenkötter gestalkt wurde.
Außerdem verdächtigte er ihn, die Katze Mia entwendet zu haben. Autofahren kann Stefan auch. Er hat ja in der Autovermietung Bülow die Wagen gewaschen und die Autos dafür auf dem Gelände hin- und herbewegt.

Ich erzählte Ihnen, was an diesem Abend passiert ist.
Dr. Stutenkötter wollte sich mit MariLu zum Stelldichein in der Hütte treffen; er erwartete eine Belohnung dafür, dass er ihr das Abi ermöglicht hat. Gegen 24.00 Uhr verließ er das Fest; die beiden hatten vereinbart, dass MariLu später nachkommt.
Hier kommt *Stefan*, der Bruder von Monika Weller, ins Spiel. Er hat am Abend die Abifeier besucht und ein Gespräch zwischen MariLu und Dr. Stutenkötter belauscht; so erfuhr er von dem geplanten Treffen in der Jagdhütte. Stefan hat dann die Wagenschlüssel von MariLu aus deren Jackentasche entwendet und sich in ihren Wagen gesetzt. Als Dr. Stutenkötter aus dem Hotel kam und auf ein Taxi wartete, ist Stefan vorgefahren und hat ihm gesagt, MariLu hätte ihn gebeten, ihn zur Jagdhütte zu fahren. Sie selbst würde dann später mit einer Taxe nachkommen. Dr. Stutenkötter ist tatsächlich eingestiegen. Auf dem Weg zur Hütte hat Stefan auf dem Feldweg angehalten und eine Panne vorgetäuscht. Die beiden sind aus dem Wagen gestiegen und Stefan und hat den Lehrer verprügelt. Er hat ihm außerdem gesagt, er sollte sich seiner Schwester nie wieder nähern.
Danach hat Stefan den Lehrer auf dem Weg zurückgelassen, den Wagen von MariLu später auf dem Parkplatz eines Kaufhauses abgestellt und ist nach Hause gelaufen.

Nun kommen wir zu *Harald Bülow*. Harald war damals sehr verliebt in MariLu. Er hat am Abend beobachtet, dass Dr. Stutenkötter in MariLus Wagen stieg und nahm an, dass sie selbst auch im Steuer sitzt.
Harald ist daraufhin nach Hause zur Autovermietung gelaufen und hat sich einen Wagen ausgeborgt. Damit ist er zur Hütte gefahren. Auf dem Weg dorthin hat er Stutenkötter, der nach Stefans Prügelattacke über den Weg taumelte, aus Versehen überfahren und dann in Panik liegenlassen. Er wusste nicht, ob der Lehrer schwer verletzt oder gar tot war. Den Wagen hat er gesäubert und zurückgeparkt. Da Jahre nicht feststand, dass Stutenkötter überfahren wurde, ist niemals nach einem entsprechenden Wagen gesucht worden.
Als Dr. Stutenkötter dann vermisst wurde, hat Harald noch einmal auf dem Feldweg nachgesehen, den Lehrer aber nicht mehr gefunden. Er dachte daher, dieser habe den Unfall überlebt.
Was aus dem Lehrer geworden ist, war ihm in den ganzen Jahren ein Rätsel.

Aber wer hat die Leiche beseitigt und warum?
Nun, Krischan, der damals beste Freund von MariLu hatte in der Hütte auf Dr. Stutenkötter gewartet. Er wusste, dass der Lehrer von MariLu eine Gegenleistung für das Abi erwartete. Er ist also gegen 23:30 Uhr zur Hütte, hat den Strom abgestellt, damit der Lehrer das Licht nicht anmachen kann und einen Eimer eiskaltes Wasser neben die Türe gestellt. Das Wasser wollte er Stutenkötter über den Kopf schütten, sobald dieser die Hütte betritt.
MariLu wusste von diesem Plan und war einverstanden, denn sie hatte absolut keine Lust auf eine Liebesnacht mit dem Lehrer.
Dr. Stutenkötter aber kam nicht. Schließlich ist Krischan eingeschlafen und erst am nächsten Morgen wieder erwacht. Er radelte mit dem Fahrrad nach Hause und hat den toten Stutenkötter am Feldweg gefunden.
Krischan hat daraufhin vermutet, dass MariLu den Lehrer in der Nacht überfahren hat. Um ihr zu helfen, hat er den Lehrer in den Wald geschleppt und vergraben.

MariLu ging dann schon am nächsten Tag mit ihren Eltern auf eine Weltreise; die beiden haben nie mehr über diese Nacht gesprochen. Es gab damals auch noch kein WhatsApp, um sich kurzuschließen.

Die ganze Sache ist nun 25 Jahre her. Selbst, wenn sie heute Abend mehrheitlich auf Harald tippen, ist diese Tat, die ja als Körperverletzung mit Todesfolge einzustufen ist, verjährt und auch Harald kann ohne Strafverfolgung nach Hause gehen.

Lesen Sie nun bitte noch die Schlussworte:
"Wie es mit allen weiterging" vor.

Nachwort Das Klassentreffen

Wie es mit allen weiterging:

Kommissar Klaus Buntschuh hat den Fall GERD STUTENKÖTTER abgeschlossen. Die fahrlässige Tötung ist, ebenso wie die Fahrerflucht, verjährt.
Buntschuh strebt die Frühpensionierung an und hat sich mit der erfolgreichen Influencerin Simone eine Wohnung in der Eifel gekauft. Während Simone jeden Tag weiter die Produkte ihrer Auftraggeber in die Kamera hält und über ihr neues Leben als geschiedene Frau berichtet, schreibt Klaus in seiner Freizeit an seinem ersten Eifel-Krimi. Dieser handelt von einem vor Jahren spurlos verschwundenen Lehrer. Wir warten mit Spannung auf die Veröffentlichung.

Dr. Peter Büngler ist mit *Beate* in die USA gereist, um den gemeinsamen Sohn Mike-Peter kennenzulernen. Beate und er sind sich in den letzten Wochen wieder näher gekommen.
Vielleicht wird es doch noch gemeinsame Zukunft in den USA geben.

MariLu hat sich in der VHS eingeschrieben, um ihr Abitur in Abendkursen der VHS noch einmal zu wiederholen. Nicht, dass dies wirklich erforderlich wäre. Sie hat aber den Ehrgeiz, zu beweisen, dass es eben nicht an Dr. Stutenkötters Gunst lag, dass sie die Reifeprüfung bestanden hat. Da sie beruflich viel unterwegs ist, waren die letzten Wochen schon eine Herausforderung. Da traf es sich gut, dass ihr ein Dozent der VHS private Nachhilfe angeboten hat. Wir sind sicher, dass MariLu das Abitur auch diesmal problemlos bestehen wird.

Monika Weller hat ihren Bruder *Stefan* im Ausland besucht und ihm berichtet, was damals in der Nacht genau passiert ist. Stefan ist sehr froh, dass sich das Schicksal von Stutenkötter nun geklärt hat. Das Thema hat ihn all die Jahre nicht losgelassen, zumal er ja direkt an den Geschehnissen beteiligt war. Nun kann auch er endlich mit diesen Kapitel abschließen.

Chrissy Neumann und *Harald Bülow* haben sich nach dem Klassentreffen bereits mehrmals getroffen und finden sich zunehmend sympathisch. Immer, wenn Chrissy beruflich in München ist, stärkt sie sich an Haralds Bude mit einer leckeren Bratwurst.
Beim letzten Treffen haben sie beschlossen, gemeinsam den 290 km langen Münchner Jakobsweg zu pilgern. Mal sehen, was daraus wird.

Krischan ist wieder zurück in England. Er und seine Gattin Lady Noralou erwägen inzwischen einen Umzug nach Deutschland, da der Brexit tatsächlich große Alltagsprobleme mit sich bringt.
Wir wünschen den beiden und natürlich auch allen anderen ehemaligen Abiturienten alles Gute.

Autorenportrait

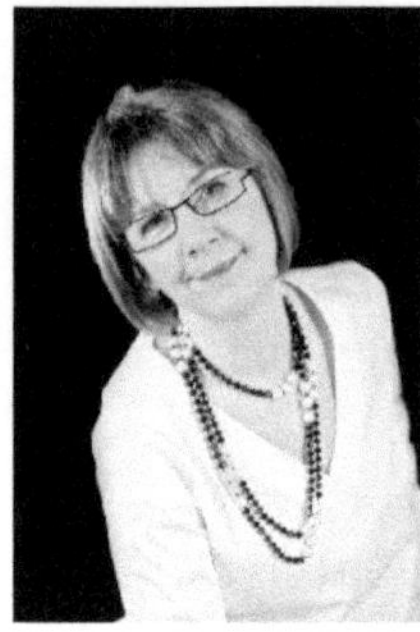

Cornelia H.-Müller ist seit 2006 als Autorin tätig. Ihr Genre sind Mitspielkrimis, Kinderspielgeschichten und Theaterstücke.

Autorenkontakt über
glashauskrimi@glashauskrimi.de

Besuchen Sie Cornelia H.-Müller auf ihrer Homepage: www.glashauskrimi.de

Weitere Bücher von Cornelia H.-Müller
erschienen im Edition Paashaas Verlag:

Krimiparty: 5 neue Fälle für Ihre Ermittlungen zu Hause
ISBN: 978-3-9813928-8-3, Preis: 13,95 €
Entdecken Sie Ihren kriminalistischen Spürsinn! Mithilfe dieses Buches können Sie zu Hause gemeinsam mit Ihren Familienmitgliedern und Gästen auf Tätersuche gehen. Sie ermitteln und befragen, Sie bewerten Tatsachen und Aussagen und Sie finden schließlich heraus, wer der Täter oder die Täterin ist.

Diese Krimis finden Sie in dem Buch:
- Irrtum oder Absicht?
- Mord in bester Gesellschaft
- Muttertag
- Mann über Bord
- Feine Verhältnisse!

Krimiparty Sonderausgabe 1: Plötzlich und erwartet
ISBN: 978-3-942614-25-2, Preis: 7,95€

Karl-Friedrich von Staffelberg lädt seine Familie und einige Freunde zu einem feierlichen Weihnachtsessen ein. Zum ersten Mal ist in diesem Jahr auch Karl-Friedrichs frischangetraute dritte Ehefrau, die junge und schöne Jaqueline, dabei. Dies wäre kaum erwähnenswert, stünden nicht auch die beiden Ex-Ehefrauen des Fabrikanten, Irene und Monika, auf der Gästeliste. Zu alledem sieht sich der Gastgeber am Weihnachtsabend mit wirklich ärgerlichen Indiskretionen konfrontiert! Dennoch endet das Fest ganz harmonisch, doch am nächsten Morgen gibt es einen Toten in der Villa zu beklagen ...

Krimiparty Sonderausgabe 2: Workshop mit Todesfolge
Ein Krimi aus dem Allgäu.
ISBN: 978-3-942614-39-9, Preis: 7,95€

Toni Burger führt gemeinsam mit seiner Frau Zenzia einen einsam gelegenen Sennerhof inmitten des wunderschönen Allgäus.
An einem Wochenende trifft sich dort oben auf 1800 m eine recht gemischte Reisegruppe, um mit einem Fasten- und Meditationsprogramm dem Alltag, zumindest für kurze Zeit, zu entfliehen. Ganz so friedlich wie die Wollschweine, die der Toni züchtet, ist die Gegend allerdings nicht, denn schon am zweiten Tag gibt es einen Toten zu beklagen. Warum dieser sterben musste, was ein Wollschwein-Workshop unter Männern damit zu tun hat und warum ein Sylter Strandkorb auf einem Sennerhof im Allgäu steht ... dies herauszufinden, wird Ihre Aufgabe sein.

Krimiparty Sonderausgabe 3: Die Rache

A Thriller – für Ladies only.

ISBN: 978-3-942614-41-2, Preis: 7,95 €

Die Rache ist süß... und manchmal zartbitter!

8 Frauen treffen sich an einem Wochenende im November in dem einsam gelegenen Landhaus der schwerreichen Camilla von Strelitz. Dort, in den Highlands nahe Iverness, sorgen ein Stromausfall, ein durchgebrannter Gaul

und ein Todesfall für reichlich Abwechslung. Ermitteln Sie mit, wenn wir versuchen, etwas Licht in diesen nebulösen Fall zu bringen.

Krimiparty Sonderausgabe 4: MorgenGrauen

Ein Mitspielkrimi aus Bayern

ISBN: 978-3-942614-58-0, Preis: 7,95 €

Lokalzeitung Wulfrathshausen:

Der Brauereibesitzer Konrad Weiblinger wurde bei einem Jagdunfall im Wulfrathshausener Forst tödlich verletzt.

Nähere Umstände zu dem tragischen Unglück sind bislang nicht bekannt. Der Unternehmer war weit über die Grenzen Bayerns hinaus bekannt und geschätzt. Besonders tragisch ist, dass Konrad Weiblinger am kommenden Montag die Münchner Immobilienhändlerin Susanne Schwammberger heiraten wollte ...

Krimiparty Sonderausgabe 5: Spargelsilvester

Ein ländlicher Krimi nicht nur zur Spargelzeit!

ISBN: 978-3-942614-71-9, Preis: 7,95€

Harry Petterson, Spargelbauer und Besitzer von Gut Landswede in Schleswig-Holstein, hat großen Grund zur Sorge. Ein hässlicher Erbstreit trübt die Stimmung in der Familie eben-so, wie das außergewöhnliche Geschenk, welches Hetty dem gemeinsamen Sohn Heiko ohne jede Absprache zum 22. Geburtstag gemacht hat. Und Tochter Syke? Sie treibt sich neuerdings auffällig oft im Heu herum und

zickt mit ihrer aus Amerika angereisten Kusine Jaba um die Wette. Als das für die Landarbeiter, Freunde und Nachbarn ausgerichtete Spargelfest zum Saisonende für einen der Bewohner des Hofes tödlich endet, beginnt der Alptraum für Harry und die Seinen allerdings erst so richtig!
Und als besonderes Highlight gibt es passend zum Krimi noch ein Spargelrezept von Sternekoch Sascha Stemberg!

Krimiparty Sonderausgabe 6: Inkognito
- ein Hotelkrimi
ISBN: 978-3-945725-12-2, 7,95€
Neuerscheinung Februar 2015

Spitzenkoch Jaques Pampelmues steht vor seinem größten Triumph; nachdem sein Koch-buch „Jaques á la Carte“ seit Wochen auf den Bestsellerlisten steht, plant der Fernsehproduzent Frank Bachhausen jetzt eine eigene Kochshow im TV mit ihm. Man sollte annehmen, dies seien wunderbare Nachrichten für Jaques und seine tüchtige Frau Wanda, aber warum zickt Letztere plötzlich so herum? Und warum checkt die Schauspielerin Vanessa Steenhagen unter falschem Namen im Hotel Pampelmues ein?
Eine Leiche in Zimmer 223, ein Feueralarm und zwei vertauschte Koffer führen zu weiterer Verwirrung in diesem undurchsichtigen Fall.

Krimiparty Sonderausgabe 7: Bayern-Spezial mit 2 Fällen.
Beide Kriminalfälle sind unabhängig voneinander spielbar.
ISBN: 978-3-945725-45-0, 11,95 €

1: **MorgenGrauen** (Sonderausgabe 4)
2: **Neues aus Wulfrathshausen** (Sonderausgabe 10)

Krimiparty Sonderausgabe 8: Der fast perfekte Mord
Ein Sylt-Krimi
ISBN: 978-3-945725-84-9, 7,95€

Auch ein so traumhafter Ort wie die wunderschöne Insel Sylt ist vor Verbrechen nicht gefeit. Kommissar Ludger Hansen hat in diesem Mitspielkrimi den Mord an einem Finanzbeamten aufzuklären. Beinahe zeitgleich zu dem Verbrechen gab es am Strand von Hörnum einen seltsamen Unfall mit einem Schwerverletzten.
Hängen beide Fälle zusammen oder ist dies einfach nur Zufall?

Krimiparty Sonderausgabe 9: Die Wette
ISBN: 978-3-945725-98-6, 7,95€

Lord Ashtenburry musste sein Anwesen, das altehrwürdige Linley-Castle, veräußern. Der neue Besitzer, ein texanischer Ölmilliardär, lädt die Ashtenburrys und weitere Gäste auf das Schloss ein. Keine leichten Zeiten für den gleich mit erworbenen Butler des Hauses. Trotzdem spricht alles für einen launigen Abend, bis es zu einer geradezu aberwitzigen
Wette kommt. Noch vor Mitternacht gibt es eine Leiche und Inspector Hannibal Winter wird es nicht einfach haben, den Mord aufzuklären. Kommen Sie mit auf das schottische Schloss und versuchen Sie, den Fall mit Ihrem Ermittlerteam zu entwirren!

Murder Mystery Party 1: The Bet
(die englische Ausgabe des Krimis: Die Wette)
ISBN: 978-3-96174-000-0
€ 9,95, USD: 13,95, GBP: 10,95
Translated from German to English by Annette Oppenlander, Bloomington, Indiana, USA

Krimiparty Sonderausgabe 10: Neues aus Wulfrathshausen

Ein Krimi nicht nur für Golfer!

ISBN: 978-3-96174-002-4, € 7,95

Endlich ist es soweit!

Wulfrathshausen, ein kleiner Ort in Oberbayern bekommt nach langer Planungs- und Bauphase einen eigenen Golfplatz. Der Investor und Bauherr Xaver Moosgruber kann es kaum erwarten, diesen seiner Bestimmung zu übergeben. Im Ort selbst trifft derweil der neue Pfarrer ein und überrascht die Dorfgemeinschaft ebenso mit seiner unkonventionellen Arbeits- weise wie mit Fragen zur Vergangenheit.

Ein Journalist aus Berlin, verschiedene DNA-Analysen und ein Drama auf der Driving-Range sind einige der Zutaten zu diesem Krimi aus Oberbayern.

Krimiparty Sonderausgabe 11: FamilienBande

Ein Eifelkrimi

ISBN: 978-3-96174-021-5, € 7,95

Haben Sie schon vom tragischen Ende des Jagdaufsehers Willi Schmitz gehört? Er fiel unglücklich vom Hochstand und brach sich offensichtlich das Genick. Und ob dies nicht genug Kummer für seine Frau wäre, wird in der Nacht nach diesem Unglück auch noch ins Haus des Verstorbenen eingebrochen.

Gestohlen wurde nichts, aber alles durchwühlt.

Wen oder was haben die Einbrecher gesucht? Und ist Willi tatsächlich verunglückt oder wurde nachgeholfen? Die Gerüchteküche in der Eifel brodelt jedenfalls, wie früher die Vulkane in der sanft geschwungenen Hügellandschaft. Vielleicht können Sie ja etwas Licht in die mysteriösen Vorkommnisse im beschaulichen Eifelort Ebersbach bringen.

Krimiparty Sonderausgabe 12: Schatten der Vergangenheit
Ein Kreuzfahrtkrimi
ISBN: 978-3-96174-025-3, 7,95 €

Eine junge Frau geht kurz vor ihrem 5. Hochzeitstag trotz ruhiger See über Bord des Luxus-Kreuzliners Bavaria II, ein Toter taucht am Katharinenpalast in Puschkin angeblich wieder auf und ein Erbvertrag mit vielen Klauseln sorgt für Verwirrung bei den Hinterbliebenen! Wird es Ihnen gelingen, die Hintergründe zu durchleuchten und die Todesfälle aufzuklären?

Krimiparty Sonderausgabe 13: Ötzi – oder das schwarze Schaf
Mitspielkrimi aus Bayern
ISBN: 978-3-96174-042-0, 7,95€

Bürgermeister Xaver Moosgruber ist begeistert:
Auf dem Ferntaler, einem Gletscher oberhalb von Wulfrathshausen, wurde eine Eismumie entdeckt. Während Xaver bereits Pläne zur Vermarktung des Ötzis von Wulfrathshausen schmiedet, muss sich Kommissar Schickerl mit dem verwirrenden Obduktionsergebnis des Toten auseinandersetzen. Der plötzliche Tod einer älteren Dame im nahen Kloster Allerried sorgt kurz darauf für weitere Aufregung und Unruhe im beschaulichen Dorf in Oberbayern. Gibt es einen Zusammenhang zwischen dem Toten vom Gletscher und der Pensionärin im Kloster?
Wird es Ihnen gelingen, die Hintergründe zu durchleuchten und die Todesfälle aufzuklären?

Krimiparty Sonderausgabe 14: Der Guru
Mord in der Sekte
ISBN: 978-3-96174-063-5, € 7,95

Bürgermeisterin Cordula Mayer-Stratmann sieht Ungemach auf die Gemeinde zukommen. Eine seltsame Gruppierung blau gekleideter Kuttenträger möchte ausgerechnet hier im Ort ein neues Mitgliederzentrum bauen. Trotz aller Bemühungen Cordulas, dieses zu

verhindern, wird das Haus nach kurzer Bauphase eröffnet und der Öffentlichkeit präsentiert.
Eingeladen hierzu hat Rasputin Monti, das Oberhaupt der Sekte. Warum der selbst ernannte Heiler den Termin allerdings verpasst, muss von Ihnen herausgefunden werden.

Krimiparty Sonderausgabe 15: Bei Zuschlag Mord
Die Kette der Mata Hari
ISBN: 978-3-96174-078-9, € 7,95

Der Juwelier Paul von Straaten lädt einige zahlungskräftige Kunden auf sein kleines Schloss in der Nähe von Berlin ein, um die sagenumwobene Halskette der Spionin Mata Hari meistbietend zu veräußern. Lastet wirklich, wie behauptet wird, ein Fluch auf dem legendären Schmuckstück? Fast könnte man es annehmen, denn einige der früheren Besitzer starben unter mysteriösen Umständen. Auch an diesem Wochenende scheint sich dieser Fluch zu wiederholen, denn einer der Anwesenden wird am Tag der Kaufentscheidung tot im Kaminzimmer des Schlosses aufgefunden!

Mörderisches Verbrechensquiz
Spannende Quizfragen für die Krimiparty zu Hause
ISBN: 978-3-96174-062-8, € 7,95

Das mörderische Verbrechensquiz ist ein Unterhaltungsbuch für die ganze Familie. Es enthält spannende Quiz-Fragen für Erwachsene zu realen Verbrechen, fiktiven Figuren, Prominenten, die zu Opfern oder Tätern wurden, Literatur und Film sowie zu unserer Rechtsprechung und Gesetzgebung. Ihr werdet sicher über vieles staunen, manchmal schmunzeln und auch einiges lernen. Zudem gibt es 60 Fragen, die unter die Haut gehen und für rasante Gesprächsrunden sorgen.

Krimiparty Kids

Anders als bei der beliebten Krimiparty-Reihe geht es bei Krimiparty Kids nicht um Mord. Daher sind diese Ermittlungen auch für ein jüngeres Publikum bestens geeignet.

Krimiparty Kids Band 1: Kunstraub in New York
Mitten in der Großstadt wurde ein Schatz gestohlen!
ISBN: 978-3-945725-25-2, 7,95 €

Krimiparty Kids Band 2: Was für ein Zirkus
Ein verschwundener Löwe muss gesucht werden
ISBN: 978-3-96174-034-5, 7,95 €

Krimiparty Kids 3: Hindernisse
Ein Mitspielkrimi für Pferdefreunde
ISBN: 978-3-96174-046-8, 7,95 €

Krimiparty Kids Band 4: Unter Verdacht
Ein Mitspielkrimi aus dem Viktorianischen Zeitalter
ISBN: 978-3-96174-077-2, € 7,95

Alle Bücher sind überall im Buchhandel erhältlich oder auch unter: www.verlag-epv.de zu bestellen.

Dort finden Sie auch alle Infos zu den einzelnen Büchern und den Downloadbereich für die Krimipartys und die Krimipartys für Kids.